Gerhart Hauptmann

Einsichten und Ausblicke

Band 80
1. Auflage
Taschenbuch – Literatur - Klasiiker
Herausgeber Frank Weber,Marburg
Bibliografische Information der Deutschen Nationalbibliothek:
Die Deutsche Nationalbibliothek verzeichnet die Publikation in der
Deutschen Nationalbibliografie; detaillierte bibliografische Daten
sind im Internet über http://dnb.dnb.de abrufbar.
© 2020 Gerhart Hauptmann
ISBN: 9783751936897
Herstellung und Verlag: BoD – Books on Demand, Norderstedt

Taschenbuch-Literatur-Klassiker

Band 80

Gerhart Hauptmann

Einsichten und Ausblicke

Gerhart Hauptmann

Einsichten und Ausblicke

Aphorismen

Zuerst erschienen 1942

Nicht als Leitfaden oder etwa, daß man sich darnach richten soll,
sammle ich diese Aussprüche, sondern nur, damit der, welcher Lust
hat, nehmen und besitzen möge, was sein wie mein ist.

Inhalt

Leben und Menschheit

Ex corde lux!

*

Wonach ich mich sehne? Nach gläubigen Menschen aller Art.

*

Ich will etwas, das von Klein und Groß ebenso unabhängig ist als von Gut und Böse.

*

Ihr glaubt mich zu überschätzen? Schätzt mich nur als das, was ich bin, so verliere ich nichts.

*

Wo willst du stehn? Hoch oder niedrig? verborgen oder öffentlich: auf der Rednerbühne? auf der Kommandobrücke eines Schiffes oder eines Staates?

Dort will ich stehen, wo ich zu mir und andern sagen muß: »Hier stehe ich, ich kann nicht anders, Gott helfe mir, Amen!«

*

Ich habe niemals eine andere Würde bekleidet als die mir innewohnende.

*

Soll ich mich in die Gegenwart drängen wie eine Zeitung?

*

Es konnte mir nichts Besseres passieren, als daß der Antagonismus der Welt mich immer wieder auf mich und in mich zurückwies.

*

Ich hasse die geistigen Ameisen. Ich liebe die geistigen Bienen.

Da ich mich schon entschlossen habe, im Geistigen zu leben,
lebe ich viel zu wenig im Geistigen.

*

Der Himmel möge mir das Glück erhalten, mich täglich über das
Lokale und allzu Persönliche ins Unendliche und Ewige erheben zu
können, will heißen: vom zeitlichen ins ewige Schicksal.

*

Von dem, was die Welt beherrscht und allgemeinste Verbreitung hat,
von der Arglist, ist bis jetzt wenig in meinem Werk. Trotzdem habe ich
sie von Jugend auf gekannt, gewußt, gesehen, gefühlt und mich gegen
sie aufgebäumt: immer ohne sie eigentlich für möglich zu halten. Sie
ist das wahrhaft Niederträchtige und im Nur-Irdischen das wahrhaft
Erfolgreiche. Bosheit ist nur eine impotente Abart der Arglist.

*

Indem ich meine Geschäfte besorge,
besorge ich weiß Gott wessen Geschäfte.

*

Ich hatte mitunter viel Zeit für fremdes Leid.
Allmählich bekam ich mehr zu tun mit dem eigenen.

*

Oft, wenn ich Schwächen meiner Natur freimütig bekannte, fand ich
einen Menschen, der sich gleicher Schwächen rühmte.

*

Vogelstraußpolitik ist nicht immer ganz vom Übel. Ich erfahre es oft in
den Kämpfen meiner Seele, in denen ich zugrunde gehen müßte, wenn
ich nicht einen vorübergehenden Frieden auf Vogelstraußmanier
mitunter erzwänge.

*

Die Hand am Ruder, kenn' ich keine Furcht,
wohl aber als untätiger Passagier.

Mein Frühjahr muß früh sein, mein Herbst spät,
wenn Früchte reifen sollen.

*

Die glücklichsten unter meinen Tagen begannen zuweilen
hoffnungslos, die übelsten wie Gottes Sonntag.

*

Mein Leben an einem Tage ohne Einsamkeit ist das Leben des Fisches
in einem Teiche ohne Wasser.

*

Mehr ist weniger: im Verkehr mit Menschen.

*

Haus Gottes, Kirche. Welchen Besudelungen ausgesetzt!
Wie rein dagegen mein Haus!

*

Mich beschäftigt nicht nur die Sache der Lebendigen,
sondern auch die der Toten.

*

Ich fühle, daß ich wirke, und das macht mich, im Augenblick, wo ich
es fühle ... nicht glücklich, nicht zufrieden, nicht stolz, aber ... im
Wirken wahrhaft wirklich.

*

Glaubt ihr, daß ich alles nicht kann,
was ich ungetan lasse?

*

Was ich vielleicht habe und was mein ist, wird mir fremd wie einem
Fremden. Aber ich behalte keine Möglichkeit, es mir wie dieser
vertraut zu machen.

Wir haben ein Recht, über Unsinn zu klagen. Wir müssen schwerste
Anklagen geduldig und schweigend anhören mit den lebendigsten
Gegenbeweisen in der Hand. Unsere Richter sind so geartet, daß sie
ganz bestimmt und gelassen wissen: ihr Justizmord sei reinste
Gerechtigkeit. O wann wird der Tag kommen, diese Richter vor
Gericht zu stellen? Niemals!

*

Es kommt vor, daß eine Gesamtheit sich entschließt, dir großmütig das
zu verehren, was schon seit Jahrzehnten dein schönstes Eigentum ist.

*

Bewunderung, die man erfährt, macht klein; Geringschätzung groß.

*

Wahrer Zynismus ist auf Grund eines höheren Sinnes für das Häßliche
– nach Analogie des Schönheitssinnes! – volle Opposition gegen das
Häßliche.

*

Der Dummstolz ist der undurchdringlichste Panzer:
aber ich mag wider ihn nicht einmal die goldene Rüstung meines
echten Stolzes anlegen! Warum nicht? weil sie ein wenig jenem andern
Panzer ähnlich sieht.

*

Zwei Dinge unterschätzen meine Gegner, meinen Hochmut und
meinen Gleichmut.

*

Was habt ihr gegen die Eigenliebe? Ist es ein Verbrechen, wenn
jemand bittet: Laß mich mir selbst gehören! –?
Nein, ich liebe nicht alle Menschen, und sie haben es auch wahrhaftig
nicht alle nötig.

*

Es gab eine Zeit, wo ich für mutig galt. Heut bin ich es.

Ich habe dem Politiker in mir jeden Tag mit einem Hammer den
Schädel einschlagen müssen, um zu leben: es wäre verkauftes
Menschentum, hätte ich es in meinem besonderen Falle nicht getan.

*

Im April 1913 sprang mein Kätzchen in den weißglühenden Kamin
und wieder heraus. Es war vollständig nackt gesengt.
Am 31. Mai 1913 tat ich dasselbe.
(Nach dem Festspielverbot.)

*

Glaubt jemand vielleicht, ich könnte mich je als Kohlhaas auftun und
nach Gerechtigkeit schreien? Der irrt sich.

*

Meine Feinde kennen den Grad der Verachtung nicht,
dessen ich fähig bin.

*

»Und wissen Sie was? Ich kann schweigend lachen!«
Die wenigsten Menschen können das.

*

Man muß sich eingestehen,
daß man immer Großes erlebt und nur Kleines weiß.

*

Menschen klagen zuweilen über Mangel an Persönlichkeit bei anderen:
meistens sind es Leute, die Persönlichkeit weder haben noch dulden
können, wo sie ihnen entgegentritt.

*

Man sagt, eine Persönlichkeit sei bedeutend oder nicht. Nennen wir sie
bedeutend, so lassen wir das außer acht, was sie ist. Was bedeutet ein
Mensch? Das zu wissen ist wichtiger als die richtige Antwort auf die
Frage: Was ist er? –?

Im Tropfen ist das ganze Meer.
Blick und Gedanke sind nicht zu trennen.

*

Man redet von öffentlichen Charakteren: es gibt überhaupt keine anderen. Das, was wir Charakter nennen, ist eine Form, die nur im Betrachter entsteht. Je intuitiver die Betrachtung ist, je tiefer sie auf Wesenhaftes drängt, um so weniger Charakteristisches wird sie bemerken. Der Künstler ist der sicherste, geduldigste, am wenigsten voreingenommene Betrachter. Wenn auch das Künstlerische in jedem Kinde und Menschen enthalten ist, so ist es doch meist verkümmert, und die Künstler sind eine kleine Gemeinde. Ihre Propaganda der Tat wirkt nicht so weit – weil nur auf Eingeweihte –, wie die Propaganda des Wortes, die von den Schulmeistern ausgeht. Sie, diese Schulmeister, haben den guten und schlechten, den schwachen und starken Charakter erfunden. Ihrem oberflächlichen Blick genügen wenige Züge, und der Masse wiederum behagen die wenigen Merkmale, die ihr an die Hand gegeben werden, um »richtig« über Menschen urteilen zu können. Überdies will der Schulmeister mit etwas »fertig« werden oder »fertig« sein: sonst läßt sich darüber nichts »Richtiges« sagen.

*

Sprechen ist durchweg geistiges Gestaltersein.

*

Ergo: Ihr sollt nicht einen »Charakter« aus mir machen wollen, und sucht ihr an mir feste Merkmale, werdet ihr letzten Endes nur auf das stoßen, was allen Menschen gemeinsam ist.

*

Ein Minister, mehr noch ein Parteipolitiker, ist ein Charakter. Ich nicht. Die Gesichter aber, welche diese Leute jahrzehntelang der Öffentlichkeit zukehren, sind nicht ihre eigenen, sondern Masken. Hinter jeder steckt ein Charakterloser, der mich tiefer als der Charakter interessiert. Charaktere wollen und müssen sich darstellen. Ich aber muß weder, noch will ich einen Charakter darstellen, sondern mich, mich selbst. Wenn ihr nach meinem Charakter sucht, so ist das als ob ihr nach meiner Staatsuniform sucht: ich habe keine. Aber ich denke mehr wert zu sein als das Werk eines Schneiders, und wenn ich auch selbst der Schneider wäre.

Jedes Menschen Geist ist über alles hinaus synthetisch, und auch Goethes Kraft zur Synthese war diese natürlichste, nicht außergewöhnliche Kraft. Aber daß er sie in ihrer Wirksamkeit erkannte und gelten ließ, auch über alle logischen Widersprüche hinaus, gab ihr die große Entfaltung. Sie wird in vielen Fällen verkannt, negiert und in Bann getan zugunsten der reinen Logik, die auf gewissen Gebieten die großartigsten Synthesen zuwege bringt. Die reine Logik als synthetische Kraft ist immer nur eine Teilkraft der großen synthetischen Kraft der Persönlichkeit.

*

Der Mensch beruhigt sich dem Mitmenschen gegenüber niemals gänzlich. Seelenruhe ist unsozial, man muß sie geheimhalten. Man gewinnt sie einzig aus sich und in sich. Jeder andere muß sie, selbst wenn er nicht will, zerstören.

*

Was ist mein eigen? Alles und nichts! Mit größter Wahrscheinlichkeit ein feinstes formales Element, welches in der Gesamtäußerung der Persönlichkeit am stärksten hervortritt. Diese Gesamtäußerung kann aber nie eintreten; es wird sich also um Teile handeln, in denen aber das Eigenelement schwerer nachzuweisen ist.

*

Eine Sache gewinnt oder verliert durch den Mann, der sich für sie einsetzt, auch ein Gedanke und eine Meinung.

*

Schroff, eckig, unabgeschliffen, schmerzend im Reagieren muß der Echte zur Tiefe gezwungen sein: er muß Tyrann, Narr, Hysteriker scheinen! – Anders geht er den Weg der Verflachung.

*

Es ist wohl der Beweis einer kräftigen Seele, wenn sie, jahrzehntelang öffentlichen Angriffen ausgesetzt, von den übrigen Leiden abgesehen, sich weder zum Rundspiegel wölben noch zum Hohlspiegel einschlagen läßt, sondern richtig und gerade nach wie vor Gott, Mensch und Welt widerspiegelt.

*

Was verwandelt die geistige Atmosphäre in ein Vakuum?
Nichts Eigenes mehr sein zu dürfen.

*

Bekenntnisse sind ihrem Wesen nach flach; aber dieser Art Flachheit
soll man sich niemals schämen, sie ist urlebendig.

*

Wir sehen überall Individualitäten, selbst in einem halb verkohlten
Stück Holz; aber ebensowenig wie dieses in sich, würden wir ohne
andere imstande sein, Individualität an uns selbst festzustellen.

*

Wenn der moderne Fortschritt mit Hilfe der Wissenschaft auch den
Wagen gebaut hat, wohin wollt ihr reisen? Zu einem Menschen wollt
ihr reisen? So achtet darauf, daß noch irgendwo in dem Wirbel der
Zivilisation einer übrigbleibt!

*

Es liegt ein dunkler, gewaltiger Rhythmus in der Natur. Wir hören ihn
nicht mehr! Wer ihn hört, wird fortgerissen zum tanzenden Sein und
Sehertum, zum Dithyrambus des Alls.

*

Abhängigkeiten? Ja! Durch Liebe, aber nicht durch Furcht
Etwas sein ist nicht so viel als etwas werden, am allerwenigsten etwas
sein, ohne es geworden zu sein.

*

Gerade wir, die wir den Bund der wahren Menschheit
wiederherstellen wollen, wir können leben ohne Bund,
und doch, und doch: einigt euch, ihr Einigen!

*

Das Auge lebt von der Dunkelheit, das Gehör lebt von der Dunkelheit,
das Getast lebt von der Dunkelheit, die Phantasie lebt von der
Dunkelheit, unsere Anschauung von der Welt lebt von der Dunkelheit.

Man muß zugleich mit dem Gesicht, dem Gehör, dem Geruch, dem Geschmack und dem Gefühl vorstellen. Die reichste Empfindung des Lebens liegt im Atmen.

*

Das Neugeborene: das neue Zentrum, die neue Sonne für das Planetensystem und Spiel unserer auseinanderstrebenden Seele.

*

Der wahre Mensch geht auf dem Kopfe, weniger auf den Händen, noch weniger auf den Füßen; aber die Gehwerkzeuge müssen alle in Ordnung sein, wenn vollkommen gegangen werden soll.

*

Jugendliche Greise sind die Hauptpfeiler des menschlichen Kulturbaus. Darunter verstehe ich solche, die nicht erstarrt sind, sondern die noch immer an bewegter, beweglicher und bewegender Weisheit zunehmen.

*

Die Jugend legt die Fundamente aller unserer künftigen Werke in unseren Geist.

*

Wer sich der Phantasie ergibt, muß sie beherrschen.

*

Die Trennung der Generationen ist ein zu wenig beachtetes Phänomen: diese Trennung ist absolut; größte Vertraulichkeit, ja Freundschaft (selbst von Vater und Sohn) können sie nicht aufheben. Die neue Generation lebt in einer neuen, jungen, selbstgeschaffenen Welt, die aber doch etwas Einmaliges hat. In diese hinein sind sie geboren, in ihr leben und sterben sie. Wir aber sind nicht hineingeboren, noch leben und sterben wir darin.

*

Ich möchte mich in deine Jugend drängen, ist der Gedanke mancher Väter, die ihre Söhne betrachten.

Ich war einmal jung, du aber warst niemals alt, sagte der Greis zum Jüngling, also habe ich etwas voraus.

*

Die psychischen Flugbewegungen seien schön und vielgestaltig: Taube, Falke, Storch, Kranich, Adler, Geier, Bachstelze, Schwalbe fliegen auf sehr verschiedene Art, und es gibt noch unzählige Formen des Fluges unter Käfern, Fliegen und Schmetterlingen.

*

Der »moderne Mensch« kann sich seine Bedeutung meist nur durch Negation sichern.

*

Vergeßt nicht: jedes Instrument muß gespielt werden und in gewissem Sinne von seinesgleichen gespielt werden. Daher ist man zuweilen in Gesellschaft stumm. Das gespielte Instrument aber will auch von seinesgleichen gehört werden. Damit tröste sich der Stumme. Überhaupt wird der Redende nur selten gehört, höchstens der Redner. Und auch dieser hört sich besser selbst, als ihn die anderen hören.

*

Wir glauben mit Unrecht, daß menschliche Zivilisation, das heißt die gesamte Ökumene, mehr sei als eine Arche Noah.

*

Wer die Empfindungen nicht in ihrer tiefen, anklagenden Kraft versteht, der wird überall nur das Gewöhnliche sehen.

*

Oft erneut der Morgen über Erwarten.

*

Man darf jeden Tag einen Geburtstag nennen. Von früh an üben wir gleichsam das Aufwachen. Wir wachen von Tag zu Tag, von Jahr zu Jahr immer vollständiger auf.

Das Leben bedeutet eine fast lückenlose Reihe persönlichster
Entdeckungen.

*

Alle wahren Häuser – nicht Warenhäuser – erscheinen äußerlich
einsam und verlassen, innen aber sind sie voll des wahren Lebens.

*

Der Mensch ist des Menschen Zeuge und Zeugnis.

*

Die Fackel, die leuchtet, zeugt für Licht und Träger.

*

Vergessen ruht das Schöne oder thront zu hoch.

*

Jedem Mitgefühl geht eine Empfindung von Schönheit voraus.

*

Man kann Schönheit nur empfinden, wenn man sie auf sich bezieht,
das heißt auf menschlichen Maßstab.

*

Die Tummelplätze der Seelen sind nur wieder Seelen.

*

Jeder Mensch verbirgt ein geheimstes Motiv. Es ist oft über jeden
Begriff nebensächlich und lächerlich. Weil er das weiß, stirbt er, ohne
es je verraten zu haben. Wer es entdeckt, besitzt oft den Schlüssel zu
vielen und großartigen Handlungen eines großen Mannes.

*

Jeder Mensch, richtig erkannt, ist ein bedeutender Mensch.

Das, was das Allerzarteste, Edelste und Reinste der Menschenseele
einschließt und verbirgt, ist immer aus gröberem Stoff, ja zuweilen aus
grobem. Wie könnte es anders sein?

*

Ich fragte ein elfjähriges Mädchen: »Was macht Deine Tante?«
(Sie hat ihren Mann und ihr Kind vor etwa Jahresfrist bei den
Spartakistenkämpfen in Berlin verloren.)
Also »Wie geht es der Tante?« fragte ich. – »Gut«, antwortet das Kind,
»aber alles, was sie ißt, schmeckt ihr bitter.«

*

Dummheit und Langeweile sind als zwei furchtbare Mächte oft
genannt, aber in ihrer ganzen ungeheuren Größe noch nicht begriffen.

*

Optimismus an sich hat etwas Verdächtiges, mehr: etwas Vulgäres,
mehr: etwas Banales, mehr: etwas Gemeines! – Aber auch der
Pessimismus wirkt abgegriffen und in jeder Beziehung als geforderter
Gegensatz zu dem vorherigen: denn Begriffe sind ganz unzulänglich,
wenn es gilt, das Mysterium des Seins auch nur zu berühren.
Wenn die menschliche Arroganz körperlich dargestellt werden könnte,
so würde die Menschheit darunter begraben sein wie ein
Ameisenhaufen unter dem Montblanc.

*

Die Welt ignoriert uns alle wahrhaft, und das ist uns gut.

*

Pariagefühl und die Verhöhnung des Volksmäßigen verhalten sich
zueinander wie Zweig und Frucht.

*

Es gibt einen blinden Eigensinn, der sich für Kraft nimmt und
genommen wird, und eine redliche Klugheit, die Kraft ist und für
Schwäche gilt. Er hält die Menschen für Kreisel, die sich drehen
müssen, wenn er peitscht.

In den modernen Großstädten rennen die Menschen hinter sich selbst
her und erreichen sich selten.

*

Wir ringen alle um das Westöstliche.

*

Wer schreibt uns den neuen westöstlichen Koran?

*

Zivilisation: Der Osten verliert sein Östliches, der Westen sein
Westliches: beide ihr Köstliches!

*

Mit der Bekleidung beginnt Maskerade, das heißt Kultur. Das ist
einigermaßen ernsthaft gesagt.

*

Zivilisation ist Zwang, Kultur: Freiheit.

*

In jedem Menschen schläft ein Tanz.

*

Nicht nur dem Bauern war das Licht an sich ein immer
wiederkehrendes Wunder. Man lud noch vor fünfzig Jahren zum
Lichten ein. Das Licht an sich, an den Winterabenden, in den
Winternächten entfacht, brachte die Festlichkeit.

*

Wessen Leben festlich durchwoben ist vom Großen und Göttlichen, so
daß er den Alltag nicht kennt: was sind dem »Feste«?

*

Erkenntnis ist Anbetung.

Was ist das Schwerste im Geistigen? Du darfst keine Münze, die dir
gereicht wird, ungewogen, ungeschmolzen, auf Echtheit ungeprüft
lassen. Du darfst auch diese Münze nur umgeschmolzen in deinen
Schatz legen.

*

Erkennen heißt Raum und Zeit besiegen.

*

Deine tiefste Erkenntnis ist zugleich am meisten und ganz
ausschließlich dein Eigentum.

*

Der Mensch kann niemals etwas anderes entdecken als sich selbst: aber
das ist ein unendliches Feld.

*

Wahre Zeit: wahre Produktivität!
Wahre Produktivität: wahre Zeit!

*

Wir wollen das Rätsel nicht in sein Bett legen, sondern nur Wahrheit;
darum bleibt das Bett leer.

*

Viel Chaos empfinden, heißt weise sein.

*

Jedes Sinnes Wesen ist Sehnsucht.

*

Der Strauß im Zoologischen Garten zu Dresden hat im Freien ein
weites Begängnis, geht aber immer an der Umzäunung, das heißt an
der Grenze, hin und her. Das Gleiche ist's mit dem Menschengeist.

*

Was du nicht malst, Liebe, bleibt farblos.

*

Erkenne dich selbst! – Die Befolgung des Satzes und die
Konsequenzen des Gehorsams würden die Welt erneuern.

*

Laß deine Skepsis ins Riesenhafte anwachsen, aber laß sie den Riesen
des Positiven nicht niederwerfen und besiegen!

*

Die allgemeinste Erscheinung sind Menschen, die, harmlos sowohl als
ahnungslos, täglich die Summe ihrer besten Einsichten in ihren
Handlungen unberücksichtigt lassen.

*

Gewonnene Einsicht und betätigte Einsicht sind zweierlei. –

*

Wie sorgfältig vermeiden sie alles, was einen Anflug zur Größe
notwendig macht; sie meinen: verehren, das sei erniedrigen.

*

Irrtümer, durch Überzeugung und Mehrheit getragen, werden nur
stärker in ihrer Wesenheit als Irrtümer, entfernen sich dadurch aber nur
um so weiter von der Wahrheit.

*

Je mehr Stimmen einen Irrtum stützen, um so stärker wird er als
Irrtum, um so verheerender greift er über in das Gebiet der Wahrheit,
deren Namen er sich anmaßt.

*

Es gibt einen Leittrieb beim Obstbaum,
es gibt einen Leittrieb auch im bewußten Seelenleben.

Wir können vom Schlaf in der Natur und vom Wachen des Menschen
reden.

*

Ich glaube, daß der erste unter seinen Mitmenschen, der erkannt hatte,
wie sich das Leben in Schlaf und Wachen teilt, gesteinigt wurde.

*

In der Lebensgeschichte Stanleys: »Während solch niedriger
Daseinsstufe war es mir nicht möglich, zwischen Traum und
Wirklichkeit zu unterscheiden.« – Dies ist ein Beleg für meine Ansicht,
wonach es in der Entwicklungsgeschichte der Menschheit einen
entscheidenden Augenblick gab, wo man anfing, die Welt des Schlafes
von der Welt des Wachens abzusondern. Lange jedoch blieben ihre
Bilder noch als Objekte des Denkens ununterschieden.

*

Die Erscheinung des intermittierenden Wachens (und Schlafens) ist
irgendwie verwandt mit der Erscheinung von Ebbe und Flut.

*

Zieht man ab, was der Mensch wirklich erkennt, so bleibt ihm noch das
ungeheuere Werk seiner Einbildungen: fast alles, was ihn ängstet und
erfreut, ist darin beschlossen. Zieht man dagegen alles dieses ab, was
bleibt übrig? Keinesfalls irgendein Grund zur Angst noch zur Freude.

*

Einbildungen sind die Unterjocher der Menschennatur.
Wer ist nicht durch ein Bild und Bilder unterjocht!

*

D'Anville, sagt, A. von Humboldt, hat die geistreiche Bemerkung
gemacht, daß der größte aller Irrtümer die Menschen zu der größten
Entdeckung in bezug auf neue Erdstriche geführt habe.
(Gemeint ist die Entdeckung Amerikas auf Grund der irrtümlichen
Meinung über die Ausdehnung Asiens nach Osten.)
Nun: das Kapitel »Produktive Irrtümer« ist sehr groß.

Wäre Irrtum nicht produktiv, dann sollten wir lange warten, ehe wir
Brot zu essen bekämen.

*

Welche große Wahrheit hat nicht Unheil angestiftet in den Köpfen der
Menschen? Welche große Lüge hat nicht Segen gebracht: auch das
Gegenteil ist vorgekommen.

*

Es ist zuviel falsch Verstandenes im Umlauf im Geiste der Nationen,
will sagen: zuviel schlechte Münze.

*

Wahn ist wichtiger für uns Menschen als Wahrheit.

*

Irren ist göttlich.

*

Wer tiefer irrt, der wird auch tiefer weise.

*

Der Denktraum ist höchste menschliche Kraft, Bedingung höchsten
menschlichen Adels, in seinen höchsten Auswirkungen Gotteswort.

*

Oh, wie tief beuge ich mich vor den wahrhaften, den wirklich
göttlichen Irrtümern der Seele!

*

Die absoluten Wahrheiten, scheint mir, haben das größte Unheil
angerichtet. Daher ist weniger verbrochen durch Wissen als durch
Glauben, durch Denken als durch Eingebung. Die »Nägel« im
Menschenhirn, das ist die Gefahr: um sie herum beginnt es immer zu
eitern.

Irrtum des Herzens ist der köstlichste aller Irrtümer.

*

Vermutlich ist Glaube die stärkste Macht im Menschen. Die geglaubte
Substanz übertrifft weit die des Weltalls.

*

»Erwägen wir recht, was wir in diesem Leben tun, so werden wir
finden, daß ein jeder an der Welt malt.«

Michelangelo.

*

Nur Glaube existiert, Aberglaube ist ein monströser Begriff.

*

Die Welt und der Himmel bauen sich auf aus unseren Denkfehlern.

*

Lüge ist eine Wahrheit mit schiefer Wurzel.

*

Wer die Wahrheit spricht, durch den braucht deshalb die Wahrheit
noch nicht zu sprechen.

*

Jedes Wort ist Proteus.

*

Wie schwer ist es, irgend etwas zu sagen. Sagen heißt Wahrsagen, und
alles Wahrsagen setzt den Propheten voraus und den Gläubigen.
Welche Verantwortung für den mit Sprachwerkzeugen begabten, der
Lüge und der Verführung abgeneigten Menschen!

*

Wahrheit sah noch niemand, außer in ihm selbst.

Wer fühlt, fühlend denkt und erkennt, dem sind alle menschlichen Bekenntnisse und Erkenntnisse, inbegriffen Sprache, gleich verkorkten Flaschen mit eingeschlossenen Notschreien verschollener Schiffbrüchiger, auf dem Weltmeere treibend.

*

Das ist mir nun aufgegangen: Ein Mensch kehrt nicht nur jedem seiner Mitmenschen eine andre Seite zu, sondern er ist tatsächlich jedem gegenüber von Grund aus anders.

*

Ich habe während dreißig Jahren keine wirkliche Veränderung an Menschen wahrgenommen, außer an mir selbst.

*

Nie wirst du wahrhaft erfahren, was du nicht an dir selbst erfährst: ergo mußt du alles selbst erfahren.

*

Wenn nach Schopenhauer der Widerstreit des Willens gegen sich selbst der Quell alles dem Leben eigenen Leidens ist, so muß, da dieser Widerstreit auf Vernichtung des Willens hinausläuft und diese Vernichtung auch das Streben des Weisen ist, ihm etwas wesentlich Gutes eigen sein, wie einem immerwährenden, immererneuerten Versuch zur Erlösung.

*

Ich reduziere Sokrates auf das wenige Nicht-Platonische in Platons Überdichtung: und das ist es, was ich vor allem verehre.

*

Du willst Bescheid sagen über das Leben der Menschen in vergangenen Jahrtausenden! Was weißt du von denen, die mit dir leben? ja, was auch nur von dir selbst?

*

Nur in der Tätigkeit sondert man sich rein von der Welt, von der Masse
und vom Chaos im Innern.

*

Wir wissen nicht einmal, was wir sind, geschweige was wir werden
können.

*

Wer nicht weiß, was ist, wie will er voraussagen, was werden soll,
oder erkennen, was einmal gewesen ist?

*

Wir wissen von keiner höheren Vollkommenheit
als die menschliche ist.

*

Was für uns nicht Individuum ist, ist für uns nicht.

*

Was die Menschenstimme von andern Naturlauten allein grundsätzlich
unterscheidet, ist der bewußte Gebrauch.

*

Die Seele empfindet nicht eigentlich, sondern erkennt nur den
Schmerz.

*

Leute mit Suggestionskraft sind in viel höherem Grade Erlöser der
Menschheit, als man gemeinhin annimmt. Feste Willensrichtungen
haben nur wenige Menschen, sofern es sich nicht um Ziele handelt wie
Essen, Trinken, Schlafen und andere tierische Funktionen.
Der Sonderling, dem es gelang, seiner Umgebung seine Idee, also eine
fremde Idee, einzuprägen, war der Begründer der Kultur. Diese Idee
mußte zunächst unpraktisch sein; denn sie konnte nicht unmittelbar mit
den Zielen der tierischen Triebe identisch sein. Sie vermittelte höhere
Ziele und einen höheren Willen, die dem gemeinen Individuum ohne
Suggestion nicht erkennbar noch nutzbar geworden wären.

Der Hunger der Organe: er ist am deutlichsten beim Magen. Es gibt aber auch einen Hunger des Auges: er geht auf Licht, Farbe und Form. Er ist der immateriellste. Was essen die Augen? Was verdauen sie? Die Vorteile der Belichtung hat auch der Körper eines Blinden, nicht aber die der Augennahrung. Was sind diese? Wer und welches unsichtbare höhere Organ wird dadurch gespeist, ernährt, entwickelt? Das Denken.

*

Jenes eigentümliche Phänomen des leuchtenden Punktes, den wir als den Quellpunkt der Seele, den Sitz der Seele, die Seele selbst empfinden und den wir im Kopfe lokalisieren, lokalisiert der Inder im Herzen. Also kann dies Phänomen Verschiebungen erfahren, kann auch wohl eines Tages in den Fuß verlegt werden. Ungeeigneter aber, es zu beherbergen, kann uns ein Zweig, ein Baumblatt auch nicht erscheinen: die Folgerung ist klar.

*

Der eine Sinn des Auges hat mehr für das Bewußtsein getan als alle übrigen.

*

Wir sind in die Welt gestellt, um zu prüfen.

*

Gibt es eine Aufrichtigkeit ohne Tat?

*

Dem denkenden Geist kann keine Schranke gesetzt werden; eine solche aufrichten heißt den Versuch machen, alles Denken überhaupt auszurotten.

*

Das grenzenlose Denken kann niemals eine allgemeine Gefahr werden. Die Gefahr entsteht dort, wo es sich beschränkt; dort allerdings droht immer wieder der neue malleus maleficarum.

*

Es gibt weder wirkliche Zeugung noch wirkliche Zerstörung. Alle
Geburt ist Wiedergeburt.

*

Wer bestreiten wollte, daß ein Leben vor der Geburt möglich sei, ohne
daß wir uns seiner erinnern, der bedenke, wieviel, genau genommen,
nach einer durchschlafenen Nacht vom vorhergehenden Tage in
Erinnerung bleibt: einiges, manches, keineswegs alles! Schon ist viel
Verlust zu verzeichnen; schon zeigt sich eine Unvollständigkeit, und
zwar des bloßen Traums.

*

Deine ganze, gute und freundliche Auffassung irgendeiner
menschlichen Angelegenheit kann, so fest sie immer gegründet sei, mit
einem Schlage ins Böse verkehrt werden.

*

Verbarg dir Licht nie etwas?

*

Du glaubst, die Finsternis sei nur Nichtlicht: sie ist eine Form des
Lichts.

*

Nacht macht Licht heller.

*

Eine goldene Folie, darauf die Sonne fällt, macht den Geist leuchten,
dem sie zum Grunde liegt: Glück! – Eine dunkle Folie macht den Geist
dunkel, dem sie zum Grunde liegt: Gram! Verbitterung! – Jeder
Gedanke bekommt, je nach der geheimen Folie, die Helle und Wärme
der Liebe oder die düstere Färbung des Hasses, so daß er ein dunkler
oder lichter Dämon, ein Schöpfer oder ein Mörder sein kann.

*

Von Illusion zu Illusion gelockt, erreicht man schließlich ein Ziel: in
der Kunst! – Aber im Leben?

Das Bewußtsein wandert. Allem jedoch, was wandert, offenbart sich
etwas bei jedem Schritt und etwas verschließt sich ihm: nämlich das,
was vor ihm liegt, offenbart sich, was hinter ihm zurückbleibt, schließt
sich zu. Die Summe des Offenbarten ist immer gleich der Summe
dessen, was verlorengeht.

*

Willst du schreiten, so kannst du auch einen hohen Standort nur
vorübergehend betreten. Du mußt notwendigerweise Abhänge auf- und
absteigen, Täler verfolgen, Ebenen nach allen Himmelsrichtungen
durchmessen, und so weiter: denn selbst die ganze Erde ist zu enge für
einen immerwährenden Fortschritt.

*

Alle Urteile sind Vorurteile.
Erzwungene Geistesklarheit ist Lüge.

*

Der wahre Skeptiker wird zum konsequenten Individualisten; aber wer
weiß, was das heißt? Verallgemeinerungen sind Lügen.

*

Jedes irgendwie gefärbte Urteil verstellt dem Urteilenden seinen
Gegenstand.

*

Urteilen ist leider immer eine Wohltat für den Urteilenden. Aus diesem
Grunde seien wir milde gegen Vorurteile: falsche, dumme, tolle, blind,
wilde und grausame, niederträchtige, schurkische, beschränkte, neid-
ische, ironische, hinterlistige, feige, verwegene, ja verruchte. Urteilen
ist der größte Selbstgenuß, verurteilen der tiefste und verruchteste!
Anerkennen? Diese Funktion löscht uns aus, nimmt uns den erwähnten
Selbstgenuß, macht Urteilen überflüssig und läßt uns das Gefühl der
Unterlegenheit. Es ist klar, weshalb so viel geurteilt wird.

*

Eine Krume Weißbrot erschlägt dich wohl: wer kann es wissen?

Moralische Urteile sind Bequemlichkeit.
Zuweilen verwechseln wir Kälte mit Größe.

*

Eine Lüge kann mehr Adel in sich tragen als zehn Wahrheiten.

*

Öffentlichkeit trivialisiert, Heimlichkeit idealisiert.
Genau so weit, als man sich selbst kennt, kennt man die andern.

*

Der größere Kenner der Menschen ist der größere Mensch.

*

Wein, Weib, Gesang ... alles in Ordnung,
das heißt, wenn der wirkliche Mann noch hinzukommt.

*

Die Folgen einer wahrhaft selbstlosen Tat wissen nichts von ihrem
Ursprung. Wer Gedanken hat zu denken, der denke!

*

Das Gegenwartsleben hat wenig Sinn für Humor und Humore. Die
meisten Menschen schleppen einen toten Humor mit sich herum. In
seinen Humoren einig sein heißt im Tiefsten befreundet sein und
teilhaftig eines überirdischen Glückes.

*

Güte ist eine Kunst.

*

Eigentlich ist es ein billiges, ja das billigste Vergnügen, von Illusionen
zu leben. Aber diese brotlose Kunst wird einem merkwürdigerweise
am wenigsten gegönnt.

*

Was der Mensch innerlich zu bewältigen hat, das macht sein Glück
oder Unglück.

*

Es ist bitter, daß die Beschäftigung im Geistigen uns nicht so weit frei
machen kann, daß wir ganz unabhängig von den gröbsten Instinkten
urteilen.

*

Man darf nicht das Gras wachsen hören, sonst wird man taub.

*

Wahrheiten dürfen nicht dicht beieinanderstehen, sonst verbrennen sie.

*

Wohl dem, der echte Wünsche hat! Der echte Wunsch ist die echte Tat.

*

O Wünsche! Wünsche! Es werden mehr erfüllt, als man gemeinhin
meint. Aber was dann ...?

*

Mit alledem kann ich dir nichts geben, als was du hast.

*

Wahre Fragen kommen zu uns wie Schicksale:. Sie kommen wortlos,
schwächen sich selbst durch Worte, können ohne Worte nicht Antwort
haben. Und doch liegt der Antworten Bestes wieder im Wortlosen.

*

Das Gestern wissen wäre alles wissen!

*

Jeder Traum, auch der süßeste, hat etwas Quälendes.

Du hörst durch die Nacht, siehst erleuchtete Häuser. Die Menschen hinter den Mauern sind dir ebenso fern und fremd wie jene, die zu Karls des Großen Zeit gelebt haben. Seltsam genug.

*

Man darf die Illusion des Lockenden nicht zu sehr verfolgen und nicht zu lange, sonst verflüchtigt sie sich: steh ab von ihr, und sie schenkt sich dir wieder!

*

Wie unreal ist ein Traum, und wie fest verbindet er Menschen!

*

Nicht träumen können würde, wie es mit uns nun einmal bestellt ist, heißen: nicht denken können, weder Geschichte noch Sage, weder Zukunft noch Vergangenheit! Und was wäre dann unsere Gegenwart?

*

Einst war anschauliche Phantasie von einer ähnlichen Kraft wie heut die Mathematik.

*

Wieviel Phantasie hat Amerika gesucht, gefunden, begründet! Wieviel Nüchternheit ist das Resultat!

*

Ist es nicht im Hinblick auf Amerika unsere verdammte Pflicht und Schuldigkeit, durch und durch Europäer zu sein?

*

Wir leben ebensosehr und mehr auf der Sonne als auf der Erde, in der Sonne als in der Erde.

*

Wir wissen nichts über das Wesen der Kraft und sind selbst das Wesen der Kraft.

Wenn du horchst, hörst du eine Stimme zuweilen in dir; sie sagt: ich
verstehe dich, und so weiter. – Nimm diese Stimme getrost für das,
was sie ist: Gottes Stimme. Gott spricht mit einer Menschenstimme in
dir. In dieser Ansicht liegt nichts Überschwengliches, solange du das
Denken als etwas Wunderbares, als Wunder ansiehst.
Gott kann nur nah sein, nicht fern, wenn er ist.
Er kann dir nur das Vertrauteste sein, wenn er ist.

*

Ist es nicht seltsam, daß wir durch menschliche Bildung, also künstlich,
zu den höchsten Dingen gelangen: zur Kunst, zur Wissenschaft von
Natur und Gott?

*

Das Bewußtsein als das höchste Wache in uns ist aus Schlaf geboren,
aber wenn es brennt, so bedient es sich der Sinne als Diener, der Welt
als Scheiterhaufen und nährt und vergrößert durch beides den Brand.

*

Aber wer oder was, aus dem Schlaf heraus, bedient sich des
Bewußtseins?

*

Du schöne, seufzende Welt!

*

Wo kann man die Menschen hinführen? Ich fürchte, immer nur wieder
in den Kampf.

*

Einen aufrechten Mann nur sehen stärkt das Rückgrat.

*

Man steht wohl einmal am Ende des Lebens, immer aber am Anfang
des Lebens.

*

Es ist verlorene Unschuld, wenn jemand nicht ganz an dem Orte ist,
wo er steht, das heißt eine gespaltene Seele hat.

*

Saul ging aus, seines Vaters Eselin zu suchen, und fand ein
Königreich; aber wie viele gingen und gehen aus, ein Königreich zu
suchen, und finden nicht einmal die Eselin!

*

Die Leidenschaften erzwingen das Leben.

*

Das Geheimnis jedes Erfolges heißt Organisation.

*

Ordnung ist die Grundlage aller Kultur. Ackerbau, Architektur,
alle Künste und Erfindungen gehen auf Ordnungssinn zurück
und aus ihm hervor.

*

Es genügt nicht, auch im Geistigen nicht, Kadaver am Wege liegen zu
lassen: sie müssen begraben werden.

*

Es ist besser, das Geringste zu unternehmen, als die halbe Stunde
unbenutzt vorübergehn zu lassen.

*

Alle großen und wichtigen Sachen haben wenig Gehilfen.
Martin Luther.

*

Die Menschheitsgeschichte, sowie die persönliche, bedeuten
Rückblicke auf ein ungeheures Totenfeld von Illusionen: welcher
grenzenlose Aufwand von Täuschungen zu einem unersichtlichen
Zweck! Außer dem Begriff der Wahrheit haben wir nichts von ihr.

Welche Verschwendung an Gläubigkeit, welche Gleichgültigkeit gegen Enttäuschungen, welche Blindheit bezeichnet den Weg der Menschheit!

*

Bild und Bildersturm ist vielleicht eine ewig notwendige Ergänzung. Es gibt viele Spiegelbilder des Leidens. Aber solche der Freude? Leiden wird illuminiert im Spiegel! Aber die Freude im Spiegel? – Leid verwandelt sich nicht in Freude, wenn es verschwindet, aber Freude, wenn sie verschwindet, je nachdem die Freude war, in mehr oder weniger tiefes Leid.

*

Die Welt der Scheinfreude und des Scheinleides einen sich, die Welt der absoluten Freude und des absoluten Leides niemals. Dann gäbe es Himmel und Hölle? Hölle bedeutet eine schmachvolle Degradation des Leidenswertes. Durch diese wird auch die Freude, das heißt der Himmel, degradiert, zu einer vulgären Volksbelustigung herabgewürdigt.

*

Der Begriff des Richters ist die höchste menschliche Anmaßung.

*

Handeln macht gemein.

*

Immer wenn das Volk zu einer großen moralischen Handlung aufgerufen wird, versteht es: kreuzige, kreuzige!

*

Wie allseitig ist das Gute bedroht! Selbst durch seine Verteidiger. Wie wirr und verworren sind die Richtungen ihrer Schwertschläge, verworrener fast als die der offenen Gegner des Guten, wirrer und verworrener als die Richtungen des Hasses.

*

Der Hunger des Raubtiers ist eine Art Raserei: eine schreckliche, schmerzgepeinigte Ekstase. Das Grausame liegt nicht in ihrer Absicht, sondern nur die Stillung ihrer selbst.

*

Der Verstand arbeitet unversehens leider immer wieder an einem malleus maleficarum.

*

Es gibt naiv aggressive Geister, die es darauf anlegen, daß man sich in sie verwickele, ich möchte sagen mit den Beinen der Seele.

*

Reizbaren Temperamenten liegt Irrtum und Gehässigkeit meist ebenso nahe wie echte Begeisterung.

*

Den weitaus bittersten und heftigsten Haß erzeugt man durch Humanität.

*

Mit den Waffen der Seele können sich nur wenige verteidigen, ohne sich selbst zu verwunden.

*

Wische die Lästerungen ab wie die Athleten den Staub!

*

Der Kommunismus im Menschlichen, Allzumenschlichen ist längst eine Tatsache.

*

Zwei Dinge erzeugen gleicherweise Ungeduld: Schmerz und Freude.

*

Ein Leben muß sich in sich selbst immer wieder entzünden können.

*

Wahre Musik stärkt den Starken.

*

Der einzelne, wahrhaft einzelne, wahrhaft einzeln Denkende muß notwendigerweise vor der Masse, der Menge, der sozialen Gemeinschaft im Ideellen und Materiellen als Verbrecher oder als Irrsinniger gelten.

*

Lebe jeden Tag, als ob er dein erster und dein letzter wäre!

*

Man muß sein Gebäude errichten mit Schwert und Kelle, wie zu Zeiten des Romulus und Remus die ersten Römer.

*

Du hast eine Idee: stelle dich mit dem gezogenen Lauf deines Gewehres davor und verteidige sie! – Du willst abseits von der Heerstraße einen Schritt tun: tue ihn mit dem Revolver in der Hand! – Du willst Gott, deinem Gott, dienen: stelle Kanonen um den Altar! Du willst anbeten: tue es hinter dicken Steinmauern, wohin das Hohngelächter der Niedertracht nicht dringt noch seine Stein- und Schmutzwürfe.

*

Der Orkus soll verschüttet werden: das ist die Riesenarbeit der Menschheit.

*

Wenn die Füße nicht mehr auf der Erde sind, hört auch der Tanz auf.

*

Romantik ist das Leben als Spiel gelebt.

Weltabgeschiedenheit?
Worauf käme es also an? Ersticke das Drama in dir!

*

Worauf stützt sich der innere Widerstand gegen Auflösung und
Untergang im Menschen?

*

»Ich kann des Niederträchtigen, Allzumächtigen um mich nicht Herr
werden.« – »Versuchen Sie es noch einmal aus Leibeskräften mit
Humor.«

*

Sollen wir warten, bis die Gegensätze des Lebens ausgeglichen, die
Armen und die Reichen reich geworden sind: wann sollten wir denn
ein höheres Leben anfangen?

*

Die Tat trägt, die Tat macht Zeit, sie schafft, sie wirkt die Schöpfung:
denn wo Schöpfung ist, da ist Zeit. – Also tut! – Tut einen Tag, so habt
ihr ein Jahrhundert oder Jahrmillion oder was ihr davon zu besitzen
wünscht. Versäumt einen Tag, so habt ihr ein Jahrhundert versäumt. –
Dies alles bezieht sich auf das höhere Leben und Streben.

*

Solange man lebt und wirkt, muß man leben und wirken,
als ob man ewig lebte und wirkte.

*

Dem müden und eifrigen Arbeiter kann ein Sturz etwas Erlösendes
sein, obgleich er nichts weniger will als sterben.

*

Wer Landschaft sieht, Landschaft wahr sieht, wahre Landschaft sieht:
der sieht die wahre Verlassenheit des Menschen.

*

Will Gott den Frieden nicht – ich will ihn!

*

Die Qual von gestern muß die Tat von heute werden.

*

In der Jugend hat man Zeit, treu zu sein.

*

Mein Freund! Es gibt Menschen und Dinge, die für dich zu lange
leben. Du hast den rechten Augenblick nicht benützt, sie sterben zu
lassen.

*

Wer richtig tötet, macht recht lebendig.

*

Man darf nicht durch ein Schlachtfeld schreiten
wie der Storch durch den Salat.

*

Leben heißt auch sterben: das bedenken die wenigsten.

*

Es muß in der Seele etwas geben, ähnlich den Jahresringen der Bäume.

*

An unerfüllten Wünschen hängen noch mehr falsche Vorstellungen,
die niemals korrigiert werden.

*

Die meisten unserer Wünsche sind deshalb unerfüllbar, weil ihre
Erfüllung irgendwie unsere Vernichtung in sich schließt.

*

Warum können wir das Leben nie, jederzeit aber den Tod hervorrufen?

*

Mit den Griechengöttern vernichtete man einen ganzen Olymp der Seele.

*

Sie sahen plötzlich nicht mehr, daß es Leute gab, die das Gewordene darstellten. Sie wollten mit lautem Geschrei die Welt ganz ummodeln: was später die Welt in aller Ruhe mit ihnen tat.

*

Die Bruderzwiste in der Geschichte sind die in jedem Betracht grauenvollsten Phänomene der menschlichen Psyche. Ich glaube, daß Beethoven nur durch Vermittelung seines Bruders den tiefsten Abgrund der Hölle kennengelernt hat und damit einen Grad des Leidens, von dem alle diejenigen nichts wissen, die den Schatten nicht kennengelernt haben, den Bruderliebe zu werfen vermag.

*

Wenn der Geist eine Zeitlang einen gewissen Grad von Ruhe genossen hat, so gelangt er in eine Verfassung, die dem Tode mehr verwandt ist als dem Leben.

*

Wenn du im Leben nur noch Wiederholungen siehst, intermittiert der Lebensprozeß.

*

Der Vogel, das Kamel, der Sklave, der Krieger, der Mensch überhaupt, alle sind notbeflügelt.

*

Wie viele gehen zugrunde, Männer und Frauen, weil eine fette, große, dicke Lüge über ihnen liegt und sie erdrückt!

*

Es gibt nichts so Grauenvolles wie die Fremdheit derer, die sich
kennen.

*

In das Bruderproblem schlägt das Doppelgängerproblem. Völlige
Doppelgänger müßten sich ohne Überlegung sogleich mit dem Dolch
anfallen. Sie müßten einen grenzenlosen Haß gegenseitig erwecken,
den Urhaß, der ein Zwang, ein Befehl zur Vernichtung ist.

*

Hat man die Vergänglichkeit tief erfahren, so dauert es einen, daß man
die Jugend mit ihrem Glauben an sich gebunden sieht.

*

Das größte Mausoleum ist das der Lebendigen.

*

Er und ich, wir nähern uns einander langsam im Laufe des Lebens:
man mag unsern Staub vermischen.
Der Grundklang des Todes ist in allem Festlichen.

*

Mit jedem Menschen stirbt eine Welt.

*

Um wie weniges tiefer liegen die Toten als wir!

*

Als die Götter zeugten und nicht wußten, was,
war Eros aller Götter Vorfahr und Herr.

*

Wir haben nichts Besseres und nichts Schlimmeres als die Liebe.
Wer Schönheit empfindet, wie immer, wo immer: der liebt.

*

Zuerst ist die Liebe eine Krankheit, dann eine Gesundheit.

*

Auf der falschen Voraussetzung, als könnten zwei Menschen ganz
ineinander aufgehn, wurzeln die schlimmsten Übel des Lebens.

*

Die Frau hat nichts weiter zu tun, um das volle Bewußtsein ihres
Wertes zu gewinnen, als sich vorzustellen, was sie ist: nämlich Mutter
aller Männer, die je gelebt, gewirkt, gedacht und gedichtet haben.
Dieses Bewußtsein, verbunden mit dem jener unendlichen Summe von
Schmerzen, durch die sie das Geschlecht der Menschen stetig
verjüngen muß, wird jenen Stolz in sich schließen, den sie braucht, um
sich aus einem nicht hinreichend würdigen Zustande aufzurichten, in
dem sie ist; denn die Gesellschaft entzieht ihr mit Fug die Freiheit,
Kinder zu töten, aber mit Unrecht die Freiheit in alledem, wodurch sie
wahrhaft lebendig macht. Diese Freiheit muß sich die Frau
zurückerobern! Einen Sieg, den sie niemals erringen wird,
sie werde denn Mutter in großem Sinne.

*

Es gibt Frauen, die nur Frauen und sonst ohne Talente sind, die aber
nach Geist hungern wie der Fisch auf dem Strande nach seinem
Element. Sie öffnen und schließen gleichsam Kiemen und Mund ihrer
Seele krampfhaft, um aus der leeren Luft Lebensgeist einzuatmen.

*

Unter den Ehefrauen gibt es sehr viele eingemauerte Nonnen.

*

Die Mutteraufgabe ist fruchtbar und reich: die Mutter ist mit Seele und
Leib um den Quellpunkt des Lebens herumgebaut.

*

Wenn viele Kinder sich in die Liebe einer Mutter teilen müssen und
jedes einzelne die ganze zu besitzen meint, ist dies nicht spukhaft?

*

Kind der Liebe: kein reinerer Name!

*

Liebe strebt zur Vereinigung; durch Vereinigung erstrebt sich der
Friede, das heißt die Ruhe: ist sie erreicht, steht man aber auch vom
Tode nicht mehr allzu fern.

*

Vom Mann zur Seele des Weibes gibt es Verwachsungen. Mit
unsichtbaren Polypenwurzeln senkt sich die Seele des verführerischen
Geschöpfes in dich. Du gehst vorüber, ahnungslos, und trägst den
Parasiten im Innern davon. Er zehrt von dir, aber er ist nicht so ganz
ein Parasit, daß du nicht auch von ihm zehren könntest. Liebende sind
innerlich eins, bevor sie es äußerlich sind. Gewaltsames Auseinander-
reißen ist schmerzlich, läßt Wunden zurück, wo es nicht tötet.
Es gibt allerdings auch ein Auseinanderwachsen, wie es ein
Ineinander-wachsen gibt: das eine geschieht gedankenschnell, das
andere braucht lange Zeit. Wird der Prozeß nicht unterbrochen, so
verläuft er schmerzlos.

*

Gewisse Ehen halten nur in der Weise zusammen
wie ineinander verbissene Tiere.

*

Haben wir Frieden, so müssen wir nach Liebe gehen, haben wir Liebe,
so müssen wir nach Frieden gehen.

*

Liebe stellt eine Beziehung zwischen Menschen her.
Ebenso der Haß. Wer Beziehungen sucht, hat die Wahl.

*

Das Satanische kann sich jeder göttlichen Tugend verbinden
und auch der hochgebenedeiten Liebe.

*

Wer nicht ein Kind von seiner Geliebten will, liebt sie nicht.

*

Stabil im Knaben bleibt das Verhältnis zu seiner Mutter. Dem Vater gegenüber schon wird er zum Mann. Der Mann wiederum wird zum Unmann seinem Weibe gegenüber. Sein Verhältnis zum Weibe an sich dagegen bleibt stabil, ihm gegenüber bleibt er Mann.

*

Man redet über tiefste eigene Schmerzen, die wie tiefstes Glück aus Liebe stammen; man redet zu anderen, hört die Antwort und ist zumeist verletzt auch durch den Wohlmeinenden. Warum? Gerade das Eigenste bleibt den Freunden immer fremd, und jeder Anteil in dieser Beziehung ist oberflächlich: weshalb er als das und meistens als roh empfunden wird. Er gestattet jedoch keinen Schluß auf das Wesen des Menschen, der ihn uns zuteil werden läßt.

*

Die Weiber zerreißen immer noch den Mann
wie die Mänaden den Stier.

*

Spiel mit Frauen: Keine Partie wird zu Ende gespielt. Immer werden zuletzt die Figuren durcheinandergeworfen.

*

Jemand sagte: »Wir wollen Gott lieben, das Weib ist es nicht wert.«

*

Sie war ein echtes Weib und hatte täglich Freude an ihrem Pantöffelchen.

*

Ich glaube, das Wort der Pythia muß eine Kraft entwickelt haben ähnlich der Lawine, die, je weiter sie sich vom Punkte ihres Entstehens entfernt, um so mehr wächst.

Seltsamerweise stellt man Gott im Kosmos vor als einen Teil von ihm. Gott-Protektor: stärker als ich und der Natur als Gebieter gewachsen, also mächtig, – nicht allmächtig. Selbst der Allmächtige könnte es nicht sein ohne eine Macht gegen sich, die von ihm überwunden worden ist. Wir kommen nicht darum herum, im Beginn eine Zweiheit vorauszusetzen.

*

Das individuelle Verhältnis zu Gott ist die Religion eines Menschen: sie bleibt fast immer Geheimnis.

*

Die Religionen siechen hin, seit sie die Spaltung in ihr Exoterium und ihr Esoterium aufgegeben haben. Ihr Mark wird von der Masse vertilgt.

*

Der Begriff physischer Reinheit und Ordnung ist ursprünglich mit dem göttlicher Reinheit und Göttlichkeit überhaupt beinahe identisch.

*

Totenkult, Ahnenkult: angeblich nur bei Chinesen, Japanern oder primitiven Völkern. Und doch, was ist die Liebe zu Shakespeare, Goethe, Buddha, Jesus und so weiter anderes?

*

Gesellschaftsreligion muß notwendig flacher sein als Individualreligion, weil sie Produkt eines Übereinkommens ist und nur Übereinkommen zum Ziel hat. Das bedeutet für jedes Individuum erstens bewußte Aufgabe des Tiefsten und Eigentümlichsten, wenn es dem Übereinkommen schädlich ist. Es bedeutet zweitens Verlust eines wertvollen Teiles des Individualbekenntnisses durch das unzulängliche Mittel der Sprache. Es bedeutet drittens Beschneidung des zutage Geförderten, sofern es dem erstrebten letzten Idealübereinkommen entgegensteht. Alles in allem: Gesellschaftsreligion ermöglicht sich nur durch fortgesetzte Opfer an Individualreligion. Auch in Jesus war Individualreligion, als deren einziger Bekenner er starb: was von ihr Gesellschaftsreligion geworden ist, hat das Individuellste ihres Gründers unberührt sowie unentwickelt lassen müssen und besitzt übrigens alle Eigenschaften eben einer Gesellschaftsreligion.

Das Christentum ist die Religion der tiefsten Beunruhigung.

*

Der schöne Klang der Stradivariusgeige ist bedingt vom Lack. Der christliche Lack hat nur selten die gleiche Wirkung.

*

Das Gefühl des Verlorenseins im All als Wollust!

*

Man ist erstaunt, wie alles, was das Tridentinische Konzil, was 1577 die Formula concordiae der Protestanten in sich begreift, so vollkommen abseits vom Begriffsvermögen des Volkes steht. Eine Welt- und Lebensfremdheit ohnegleichen macht sich darin geltend. 99 Teile vom Hundert der ganzen Christenheit, auf diese subtilen Dinge eingeschworen, haben falsch geschworen.

*

Sollte nicht, um die blutige Raserei der Menschen untereinander und gegeneinander zu hemmen, ihre eingeborene Gottesscheu auf den Menschen dadurch übergeleitet werden, daß man diesen zu Gottes Ebenbild machte? In weiterer Folge dieses Gedankens könnte man vielleicht das Christentum überhaupt eine Staatsreligion oder eine Gesellschaftsreligion nennen, zum Unterschied von Individualreligion, weil sie den Landfrieden, Volksfrieden, Gesellschaftsfrieden als vielleicht wesentlichstes Ziel hat. Überall finden wir den Gewalttätertypus, die Großen und Gewaltigen ausgesondert, welche die eigentlichen »Gottlosen« sind, trotzdem sie so wenig gottlos sind oder sein können wie Hiob. Diese Großen und Gewaltigen und Verbrecher haben Individualreligion: in ihr Bewußtsein tritt eine Art universales Bewußtsein, in welchem die Gesellschaft, ja der Mensch nur sehr beiläufige Figuranten sind. Damit werden sie und ihre Religion leicht der Gesellschaft und ihrer Religion feindlich. Die Gesellschaft, das ist der himmlische Friede; alles Außergesellschaftliche, das ist höllisches Chaos, Krieg, böser Feind.

*

Wir haben nicht den Wunsch, im Paradiese heroische Taten verrichten zu müssen.

Mein Freund, Pfaffen stecken in vielen Vermummungen, und wir sind stets in Gefahr, entweder von solchen der Religion, der Philosophie, der Wissenschaft oder der Kunst vergewaltigt zu werden.

*

Krankheiten des Leibes und der Seele sind es, welche die Menschen immer wieder Quacksalbern Leibes und der Seele in die Arme treiben. Wahre Religion ist Gesundheit in ihrem Wesen und hat mit Pfafferei nichts gemein.

*

Gott spricht: Glaubst du, ich könnte meinen Priestern nicht vorgreifen?

*

Die Moral hat mehr Kinder gemordet als Herodes und Moloch, Scharlach, Masern und sämtliche Seuchen der Welt. Der Mensch, dessen Sinne durch eine antisinnliche Moral verdorben und geschwächt worden, ist ein von Priestern um sich selbst betrogener armer Schelm. Wir verwerfen heut Askese in Form der Kasteiung und blutiger Geißelung, auch sind die eingestandenen Formen der Gottesopfer – Menschenopfer! – selten geworden. Aber ihre geheimen, feinen und tödlichen Formen blühen geheim-öffentlich.

*

Der organisierte Wahnsinn ist die größte Macht in der Welt.

*

Vielerlei Irre liefen im Mittelalter herum, fanden sich, tauschten ihre Erfahrungen aus, erhoben und verfochten ihre Wahnsysteme gemeinsam, erklärten sie für Offenbarungen und verbreiteten sie fanatisch.

*

Es werden so wenig Menschen geboren und so viele Pfaffen.

*

In jeder direkten Beziehung zu Gott liegt Gefahr für die soziale Ordnung.

*

Um bloß immer so fortzuleben in Ewigkeit, liegen allbereits die Himmel unserem Wesen zu offen da.

*

Ihr löst den Gewöhnlichen aus seinem einzigen Verhältnis zum Ungewöhnlichen: ihr habt ihm die Ehrfurcht genommen.

*

Ganz unwillkürlich nenne ich den Himmel mitunter, zu ihm aufblickend, den blauen Gott.

*

Es gibt eine heitere Ironie und eine finstere: die letztere geht auf stärkeren Füßen. Gott vernichtet beide, wenn er will. Vor Gott besteht keine Ironie außer der ihm eigenen.

*

Die Götter waren Begriffe, nichts weiter! Und noch immer machen wir Begriffe zu Göttern.

*

Gott ist auch im Säugling, aber dieser weiß nichts von Gott. Also beginnt irgendwann die Offenbarung Gottes ins Bewußtsein des Menschen zu treten. Er kann auch wieder darin erlöschen.

*

Da Gott sich im Geist des Menschen nach und nach offenbart, seine Offenbarung also fortschreitet, ist es wichtig, alt zu werden, bleibt es wichtig und richtig, auf immer neue Offenbarungen zu hoffen.

*

Natur, sich voll genießend, ist Gott.

Geht und seht, wie die Tempel entstanden, die Dome, die Theater, die Städte überhaupt, die Staaten überhaupt, die höhere Menschlichkeit, die Menschlichkeit überhaupt ... Dionysos! Dionysos!

*

Von Gott soll man wissen, an Gott soll man nicht glauben.

*

Im Geist ist eine Vergötterung der Natur im Gange.

*

Schauspieler: indem sie das Leben spielen, leben sie es erst! Sollte es Gott ebenso gehen?

In neuerer Zeit, auch mit durch die Resultate des Darwinismus, liegt die Idee nahe, die Schöpfung der Welt als des eigentlichen Paradieses sei im Gange: eines Menschenparadieses.

*

So viele Gedanken über Gott! Warum nicht auch zahllose Bilder von Gott?

*

Der Scholastiker, der Gott nachzulaufen glaubt, läuft dem Teufel nach. Der Künstler nicht.

*

Schildere, wie alle Götter zum Altare Jesu kommen! Warum? Weil er ein Mensch war.

*

Ihr bliebt nur Götter. Er wurde Mensch.

*

Gott ist hier, der da gerecht macht. Wer will verdammen? Römer 8, 33.
Diesen Spruch hatte ein frommer Proselytenmacher in eines Knaben
Hand gespielt. Handelte da der gute, enge, magere Frömmling wohl im
Sinne seiner intoleranten Sekte? Schwerlich! Graviert sich wirklich
diese Goldschrift auf dem blutroten Gelatineblättchen in junge Seelen,
dann ade Eiferertum.

*

Der Protestantismus ist unsinnlich und unsexuell.

*

Die Seele brennt auch im Himmel, nicht nur in der Hölle.

*

Eckehart führt an, Gott sage in der Weisheit Salomonis: »In allen
Dingen suche ich Ruhe.« – Wer Ruhe sucht, ist voller Unruhe!

*

Wenn Ewigkeit ist, wo sollte sie nicht sein? Irgendwie bleibe ich
immer in der Ewigkeit stehen, nie außer ihr. Und so bin und bleibe ich
irgendwie ewig. Ebenso ist es mit der Unendlichkeit.

*

Ist es nicht seltsam, daß die unteilbare Zeit nur dadurch besteht, daß
wir sie teilen? Und doch kann aus so vielen Endlichkeiten keine
Unendlichkeit werden.

*

Begriffe sind ganz unzulänglich, wenn es gilt, die Tiefe, das
Mysterium des Seins auch nur zu berühren.

*

Imagination baut den Himmel und seine Gestirne. Sie wird gefestigt
durch den Glauben. Zweifel bricht das Werk, macht es unvollkommen
im Geist der Natur. Glaube bestätigt. Er beschließt den Willen.
Frei nach Theophrastus.

Die Götter pochen noch immer vergebens an die Türen der Menschen.

*

Der Born der Sage ist vertrocknet. Die Berge sind entgöttert und kahl. – Aber sie sind! Sie sind und warten!

*

Man verleumdet die Wüste, wenn man sagt, Politik sei eine.

*

Größe holt sich ein Volk auf dem Meer.

*

Wenn Sie wissen wollen, was Europa ist, müssen Sie nach Amerika gehen.

*

Es war für Napoleon leicht, über die Menschen schlecht zu denken. Es ist für die Menschen leicht, über Napoleon schlecht zu denken: wer entschließt sich zuerst, das Schwerere zu wählen?

*

Bismarcks Erinnerungen. Sprachlich durchaus nichts Lutherisches. Eine Art Benvenuto Cellini auf preußisch. Deutsches Fundamentalbuch. Ein Buch, das Preußens Hegemonie rechtfertigt. Ein Lehrbuch, ein Grundbuch. Bismarcks zweite Tat, die seine erste ergänzt. Es muß die tragende Säule der deutschen Einheit werden.

*

Geschrieben und gelesen: was sagt das? Geschrieben, ein Schatten! Gelesen, eines Schattens Schatten. Wie hoch anzuschlagen, mit solcher Erkenntnis, ist der Anspruch auf Realität unserer Geschichtsschreibung!

Deutsche Geschichte. Selbst in Lamprechts Darstellung, wo liegt für all das die Verantwortung? Es liegt keine befriedigende Erklärung in der moralischen Belastung von Ständen oder einzelnen.

*

Wie kommt das: es gibt in Deutschland augenblicklich viel mehr Hälse als Nacken.

*

Wie ein Mensch zunächst erzogen wird, dann aber nur fortschreiten kann und eine höhere Bildung erlangen, wenn er diese seine Bildung selbst in die Hand nimmt, sich selbst erzieht: so ein Volk.

*

Nur die Idee des Friedens, nicht die des Krieges ist steigerungsfähig.

*

So viel Spekulation beschäftigt sich heut mit der Zukunft, warum so wenig mit der Vergangenheit? Kann es nicht sein, daß diese uns überschwemmt wie eine rückkehrende Flut eine fruchtbare Insel, die durch die Ebbe freigelegt wurde? So schrieb ich am 30. Oktober 1911. Heut, 1921, ist das Gefürchtete geschehen.

*

Der Rhein wetteifert in seinem Tiefstand mit dem Fall Deutschlands. In seinem Bett bei Bingen wird ein Stein sichtbar, dessen Inschrift einhundertsechzig Jahre nicht zu sehen war. Sie lautet: »Die mich sahen, weinten über mich; die mich wiedersehen werden, sie werden über mich weinen.« So ist es.

*

Positive Begabung des Menschen ist nur in den Künsten nachweisbar. Die negativen Begabungen überwiegen. Sie kritisieren und analysieren: Gott, Natur, die Welt, den Himmel und alles. Aber was von allem können sie machen? Marx und Engels kritisieren den Gegenwartsstaat. Wer wird die neue Gesellschaftsordnung aufbauen und ausbauen?

Das Reinindividuelle vom Reinsozialen zu trennen, sind
Menschenalter genialer Arbeit erforderlich.

*

Der Idealstaat würde mit voller Gesundheit des Volkes identisch sein.

*

»Wer Soldat werden muß, muß auch Offizier werden können, solange
der Staat nicht faul ist«, sagt Mommsen in seiner Römischen
Geschichte.

*

Es gibt Fehlsprüche mit Gewicht und solche ohne Gewicht: diese sind
zahllos, die andern gering an Zahl, – aber doch zahlreich genug, um
das allergrößte Elend über die Welt zu bringen.

*

Recht häuft sich nicht, wohl aber Unrecht.

*

Krieg ist gewöhnlich, Homer ist selten.

*

Wenn sie unser Volk nicht mögen in der Welt, so ist höchstens der
Durchschnittszustand zwischen Mensch und Mensch ein wenig
verstärkt worden.

*

Zu erstreben?
Das Volk der Einzelnen.
Der Staat der Individuen.
Die Geselligkeit der Einsamen.
Die Herrschaft der Duldenden.

*

Gehe blind an die neue Arbeit: Homer war blind.

Durchdenke deine Sinne!

*

Sobald man in einer Sache Meister geworden ist, soll man in einer
neuen Schüler werden.

*

Ist es eigentlich vornehm, sich im Geistigen allzuweit auszubreiten,
allzuviel Plätze zu belegen?

*

Es müßte uns gehen wie echten Teppichen: je mehr man mit Füßen auf
uns herumtrampelt, um so besser sollten wir werden.

*

Enttäusche nie das wahrhaft Dienende.

*

In der Kraft liegt auch die Geduld. In der Ungeduld offenbart sich die
Schwäche.

*

Sowohl in der Freude als im Leid bleibt Arbeit das Quietiv.

*

Lasset uns leben in Eintracht der Dämonen!

*

Gib deine liebsten und geheiligten Werte nur mit größter Behutsamkeit
preis, am liebsten gar nicht.

*

Du kannst einen Elefanten festhalten, wenn er fliehen, aber nicht das
kleinste Haar auf deinem Kopfe, wenn es fallen will.

»Wer das Leben nicht schätzt, verdient es nicht.« Leonardo. »Wer das Leben schätzt, verdient es«, würden ihm Eckehart und Gotamo Buddha antworten.

* * *

Kunst und Literatur

Die eigentlich metaphysische Tätigkeit ist die Kunst.

*

Das Urgeheimnis: wenn nicht zum Sprechen, bringe es zum Tönen!

*

Mythos, große Heimat!

*

Der Märchenerzähler gewöhnt die Leute an das Ungewöhnliche, und daß dies geschehe, ist von großer Wichtigkeit, denn im Gewöhnlichen erstickt der Mensch.

*

Wahre Märchen werden von Kindern erlebt und von Greisen erzählt.

*

Kunst macht gerecht.

*

Meine Kunstform ist meine Moral.

*

Wer seine Dramen verleugnet, verleugnet sein Menschentum.

Gewohnheit macht Erkenntnis blind: Kunst und Wissenschaft sind Durchbrüche durch ihren Bleimantel. Auch die sogenannte Kausalität hat Gewohnheitsfunktionen. Das Staunen sollte nicht abreißen, die Ungeheuerlichkeit unserer Existenz nicht bürgerlich-selbständig gemacht werden.

*

Wirkensleidenschaft: Neugier, neue poetische Realitäten sichtbar werden zu sehen.

*

Die Kunst ist frei, und so muß auch der freieste Mensch im Staate der Künstler sein. Bezweckt der Staat, neben seinen schablonischen Notwendigkeiten, die irgend mögliche Steigerung seiner Individuen, so kann er an seinen Künstlern erkennen, wie weit es damit gediehen ist. Je größere und umfassender entwickelte Künstler eine Nation hervor- und zur Reife bringt, um so mehr wird Gesundheit und Gerechtigkeit in ihr wohnen. Der Künstler ist nicht weniger, aber wohl weit mehr als jeder Charakter. Er wendet sich weder an Narren noch an Charaktere, sondern an das freie und menschlich gebliebene ausschließlich Menschliche. Den Staat ignoriert er, um des Menschen willen. Das ist auch der Grund, weshalb er der großen Internationale der Künste und Wissenschaften angehört. Der Staatsmann hat sich vor dem falschen Instinkt der Kunstfeindschaft und Künstlerfeindschaft zu hüten. So selbstherrlich er sein muß, ist der Künstler niemandes Feind. Ein Künstler würde sich falsch verstehen, wenn er sich zum Feinde des Staatsmannes machte. Dieser wie er arbeiten daran, das Gesetz zu erfüllen, nicht es aufzulösen. Das erfüllte Gesetz aber ist der frei-edle harmonische Staat oder Mensch. Ein Staatsmann, der den Künstler beengen will, ein Staat, der ihn ignoriert, beide betrügen sich selbst. Sie gleichen Gärtnern, die ihre Ananasfrüchte über die Gartenmauer auf die Straße werfen.

*

Immaterielles will die immaterielle Seele. Alles letzte Resultat der Kunst ist immateriell.

*

In der Kunst wird auch durch das realste Material stets das Immaterielle erstrebt.

Dichtung, auch in ihrer zartesten Form, ist immerhin Materialisation.
Aber wie verstanden? Ohne Materie! Dichtungen werden und
vergehen, wie materielle Formen vor den Augen Gottes,
vor den Augen des Dichters.

*

Im Anfang war der Rhythmus. Die in den Körpern schlafenden
Rhythmen wecken: ein Teil der Bildung.

*

Es ist ein feierlicher Moment, wenn man zum ersten Male den großen
monotonen Rhythmus der Jahrtausende hört.

*

Es ist nicht so widersinnig, wie es klingt, wenn man als Zweck aller
Kunst angibt: das große Schweigende schweigend aussprechen.

*

Dichten heißt: hinter Worten das Urwort aufklingen lassen.

*

Jakob Böhme redet von einer gebärenden Harmonie: –
Grundverfassung des wirkenden Künstlers.

*

Als Pindar geboren ward, tanzte Pan.

*

Wenn der passive Zustand des menschlichen Ingeniums abgelöst wird
durch den aktiven, so beginnt es aus dem Nichts zu schaffen.

*

Kunst ist Sprache: also im höchsten Sinn soziale Funktion.

*

Es gibt in der Kunst nur eine große Gegenwart für den Lebenden: sie reicht von den Gräbern in Ägypten und Babylon bis herauf zu uns.

Wehe dem, der sich mit seiner Generation verzettelt!

*

»Schrift der Götter« nannten die Ägypter die Hieroglyphe: Kunst.

*

Warum schafft man, da doch das beste Vorhandene ungekannt und -gewürdigt daliegt? – Nicht zum mindesten auch deshalb, damit das zum Gegenwärtigen geweckte Interesse auch den Schatz der Vergangenheit ans Licht bringe und belebe.

*

Es gibt eine Kraft der Werkstatt.

*

Alle Kunstwerke sind Nachtwachen.

*

Jedes Kunstwerk ist Überwindung.

*

Überwinden heißt etwas besiegen, etwas, das im Wege liegt, beiseite räumen oder sonstwie darüber hinausgelangen. Das ist die Scala d'oro, deren Stufen Kunstwerke sind. Sie tragen zu einem Ziel, das über ihnen liegt.

*

Der Künstler ist ein Nomade. Ein Kunstwerk hervorbringen heißt etwas mehr als ein Zelt aufschlagen und darin wohnen. Es heißt Weideplätze finden für den Geist. Ein neues Tal, einen neuen Hügel, einen neuen Himmel, eine neue Sonne darin! Es heißt: Alles aus dem Nichts hervorbringen, nicht nur finden.

*

Jedes Kunstwerk hat eine prästabilierte Harmonie zum Grunde: von ihr abweichen heißt irren.

*

Erfahrung ist das Wesen der Dichtkunst.
In der Dichtkunst bedingt wie in der Architektur alles der Grundriß.

*

Es gibt heute keinen die Zeit beherrschenden Geschmack, sondern nur einen beherrschenden Ungeschmack, von dem sich gänzlich zu befreien der Künstler gezwungen ist; dadurch erlangt er dann eine größere Freiheit als unter der Tyrannei des besten Geschmacks.

*

Das Geschöpf ist vielleicht sentimental, der Schöpfer nie.

*

Gute Kunst ist immer kathartisch. Aber selbst gute Menschen zuweilen nicht. Katbartische Menschen vermögen ihre geistige Existenz nicht fortzusetzen, wenn nicht mit Hilfe täglich erneuter Katharsis. Von allen Neueren besitzt das Kathartische am mächtigsten Beethoven.

*

Ein Künstler, dem nicht das Letzte seiner Kunst Musik ist, befindet sich im Puppenstadium.

*

Alle Musik ist eigentlich innere Musik und muß wieder zu innerer Musik werden.

*

Beethoven, Bach und so weiter können nur durch das Ohr aufgenommen werden. Wie mächtig also sind die Funktionen des Gehörsinnes erweitert und gesteigert worden durch den Geist! Ist das Auge wirklich so weit gediehen? Nein. Ich glaube wenigstens nicht. Was alles müßten wir sehen, könnten wir sehen, was wir hören können!

Dieselbe bildende Kraft, die dir den Baum als Baum erscheinen läßt,
gibt dir die Fähigkeit, diese Erscheinung als Kunst festzuhalten.
Der Maler: Was geht die ganze meinem Pinsel nicht entflossene Welt
mich an!

*

Man nehme ein Bild von Rubens und lasse es von van Dyck kopieren:
es wird ein van Dyck daraus.

*

Irgendwann entwickelt dir jeder Gegenstand seine immanente
Schönheit.

*

Man senkt nicht, wie Taine zu glauben scheint, als Künstler die
Wurzeln in seine Zeit. Man senkt sie ins Ewige und rankt sich
vielleicht empor in der Zeit.

*

Ein Erlebnis muß wie ein Saatkorn in eine gewisse lichtlose Tiefe
versinken und für eine gewisse Zeit, ehe es keimt, Wurzeln und
Stengel trägt und über der Erde Blüte und Frucht bringt, das heißt: ehe
es dichterisch wird.

*

Vielleicht sucht man nur immer das Werk und nicht ein Werk
hervorzubringen: dann wäre alles Geleistete nur Versuch oder
Vorarbeit, bis es gelingt.

*

Der Künstler braucht Arbeitsillusionen, wie der Forscher
Arbeitshypothesen braucht: ja, Hypothese und Illusion sind funktionell
und an sich beinah das gleiche.

*

Wie der auf reine Abstraktion gestellte Mensch niemals Dichter sein
kann, so auch nicht Musiker im großen Stile.

Der Begriffler entfernt sich vom Ziel, der Künstler umschließt es.

*

Man kann ein und dieselbe Sache in so vielen Gestalten richtig
darstellen, daß es schmerzt, sich für eine allein entscheiden zu müssen.

*

Wenn die inneren Möglichkeiten unerschöpflich, das Leben aber allzu
kurz erscheint, ermahnt zum Wirken der Gedanke, daß im kleinsten
Teil der Kunst das Ganze ist.

*

Wer auf seine Art etwas zu sagen hat, muß auf jede andere Art
schweigen können.

*

Schönheit ist eine Sache der Sekunde. Die Sekunde entfaltet sie und
verhüllt sie wieder. Für den Menschen ist Schönheit ein göttlicher
Zufall. Die begnadete Sekunde bringt den Einklang von Natur, Gott
und Mensch. Schönheit ist aber auch eine Sache der Form; und also
auch die ist immer ein göttlicher Zufall. (Sie fällt uns zu!) Das ist das
große Geheimnis den meisten. Die Form im Kunstwerk, das letzte
Formale, das also das Göttliche ist, das also die Schönheit heißt, es
wird von den wenigsten überhaupt empfunden. Sie reden aber vielfach
davon und vermissen es, wo es ist.

*

Kunst, die moralisiert, ist keine Kunst. Geschichte, die moralisiert,
keine Wissenschaft; Literarhistorie, die moralisiert, ist eine
Erbärmlichkeit: das sind alles Reste einer Tyrannei der Theologie.

*

Vergiß alles, was du erreicht und vollendet hast, nur dann wirst du
jenes Erstmalige besitzen, das in jedes Kunstwerk eingehen muß als
sein lebendigstes Leben.

*

Was liegt tiefer, der Grundernst eines Dichters oder der Humor? Zu einem von beiden oder gar zu beiden durchzudringen ist schwierig.

*

Menschen tragen Balken, Balken tragen Menschen:
der Dichter das Werk, das Werk den Dichter.

*

Le style est l'homme même. Dieser Satz Buffons gilt in Malerei und Musik ebenso wie in der Dichtkunst. Er gilt in einem Umfang, der alle stilistischen Spielereien ausschließt.

*

Griechische Münzen: das Haus, wo sie sind, ist erfüllt vom Dampf der Götter.

*

Dichterische Produktivität ist, wie das Atmen, halb willkürlich, halb unwillkürlich: daher beim Dichter ein Kennen und Nichtkennen, ein Können und Nichtkönnen, ein Tun und Nichttun, ein Lassen und Nichtlassen, ein Wollen und Nichtwollen Hand in Hand geht.

*

Ich bedauere kunstverzehrte Menschen, die von ihrer eigenen Kunst nicht erlöst, sondern aufgefressen werden, für die fremde Kunst entweder nicht vorhanden ist oder nur als Gegenstand der Qual und quälender als die eigene Kunst.

*

Wenn ein Künstler nicht mehr ist, als seine Lobredner begreifen und aussagen, so ist er nichts.

*

Die Achtung der Guten, Echten oder Großen in der Kunst zu genießen ist das schönste soziale Resultat künstlerischen Wirkens. Inwieweit man eine solche Achtung genießt, zu erkennen und besonders genau zu erkennen ist nicht leicht.

Große Künstler sind scheu, zartfühlend und stolz. Das ist der Grund, weshalb sie einander oft so fern und fremd bleiben. Je größer die Achtung und Liebe ist, die einer für den andern hegt, um so mehr Zurückhaltung legt sie ihm auf. Er weiß auch, daß es zu den peinlichsten Dingen gehört, den unmittelbaren Ausdruck irgendeiner Liebe und Bewunderung zu empfangen, die man nicht erwidert. Diesen peinlichen Zustand will er dem Verehrten um keinen Preis auferlegen, aber er muß auch fürchten, den Mangel an Gegenliebe und Gegenachtung zu bemerken, weil produktive Naturen, und zwar unter ihnen die besten, in Sachen der Kunst nicht zu heucheln vermögen. Die Wahrheit gleicht dann vielleicht einem Pfeil, den man mit einer Rose in Nachbars Garten schießt und der mit vergifteter Spitze zurückkehrt und tödlich trifft.

*

Wo aber unter Künstlern die Erkenntnis gegenseitiger Achtung, Bewunderung und Liebe durchgedrungen ist, dort muß man die tiefste und echteste Freundschaft suchen. Zwischen solchen Naturen brennt die gegenseitige Neigung wie ein ewiges, geläutertes Licht, das immer vom Besten genährt wird, was die Seelen der Befreundeten hervorbringen und der Gottheit opfern.

*

Jeder wenn auch noch so unvollkommene Gedanke schlägt Funken aus dem Geiste dessen, der ihn vernimmt, wenn er Geist hat. Aber, o wehe, das vollkommene Kunstwerk, das Werk des Genies, welchen Unverstand, welchen Unsinn, welche Torheit, wieviel Niedertracht und Barbarei zwingt es nicht oft in die Erscheinung!

*

Es gibt ein großes Mißlingen, mit dem nur die Größten unter den Künstlern in ihren vollkommensten Werken zu rechnen haben, und zwar als dem Unvermeidlichen. Es hat nichts zu tun mit den kläglichen Fehlschlägen der Stümper.

*

Der beste Teil des Talentes ist vielleicht das Glück, mit den Großen aller Zeiten in den stillen Geheimbund getreten zu sein.

*

Genies sind unbequem.

*

Geschmack darf nicht produktiv werden wollen, er ist wesentlich korrektiv.

*

Kleiner Gegenstand, große Treue.

*

Kolosse sind keine vornehmen Gebilde der Kunst.

*

Marmor kann keine Fratzen schneiden.

*

Auch in den Fragen der Kunst ist zu sagen: »Sie haben Mosen und die Propheten, laßt sie dieselben hören!«

*

In allen Büchern ist ein geheimer Schmerzenshauch.

*

Die Sprache, sofern sie die Gegenwart betrifft, ist unartikuliert. Ihr Entwicklungsgebiet ist Vergangenheit und Zukunft.

*

So umfassend die Sprache eines Menschen, so umfassend seine Bildung.

*

Die meisten Leute vergessen, in wie hohem Maße fragmentarisch doch alle Bücher sind: in dem, was sie subjektiv aussagen, in dem Objektiven, das sie darzustellen gedenken.

Worte sind Fehlschüsse, leider aber unsere besten Treffer.

*

Worte geben viel her, wenn man sie daraufhin anspricht.

*

»Die Mundart zerstört die Poesie«? –
Der Quell verdirbt das Wasser!

*

Das Paradoxon ist der Gedanke in der Fassung des Affekts.

*

Das Alte Testament hat die monströse Suggestionskraft, die begrenzt,
indem sie vertieft, aber nur so weit vertiefen kann, als sie begrenzt;
darin ist sie unerhört magisch, weil unerhört subjektiv: sie vermittelt
Unendliches auf der Grundlage von Beschränktzeitlichem, alles
Unendlichzeitliche ignorierend.

*

Die Minnesänger erkannten den unendlichen Wert der Freude, Schiller
den der Begeisterung. Heilig war das Lieblingswort Hölderlins. Goethe
sprach viel von Wirkung und Wirken, E. T. A. Hoffmann viel von
Wehmut.

*

Die Lutherbibel ist die machtvollste Emanation deutscher Sprache, die
Deutschland besitzt, damit auch: deutschen Wesens, deutschen Gemüts
und deutschen Willens. In ihr zuerst ist das deutsche Volk zum vollen
Bewußtsein seiner selbst gelangt.

*

»Ungeacht des Papstes Bann, Kaisers, Kunige, Fürsten, Pfaffen, ja
aller Teufel Zorn«: das war Luthers Sprache, des Gottesmannes zu
Wittenberg.

*

Luthers wahre Vorzüge haben zu wenig gewirkt, seine Fehler zu viel.

*

Tolstoi, ein schwacher Luther, für alle: Rußland, Europa, Amerika; ein schwacher Luther: der starke hat gewirkt und sein Werk verwirkt, wie Kohlhaas, der schwächste Luther. Was nun, wenn wir lutherisch, wahrhaft lutherisch noch ein Interesse haben? Was tun?

*

Nietzsche empfand sich vor als Religionsgründer. Sein Angriff gerade auf Straußens Neuen Glauben bedeutet im Grunde: Raum für Zarathustra!

*

Was wißt ihr von dem abgrundtiefen Haß Shakespeares, von dem furchtbaren Ernst seiner von ihm voll erkannten Situation!

*

Goethe entfernte sich nie weit von sich selbst, blieb vielleicht ein wenig zu ängstlich in seiner Nähe.

*

Goethe wollte nur Liebhaber sein und war doch Gildemeister.

*

Es ist schön zu sehen, wenn das Göttliche in Goethe den Gildemeister überstrahlt.

*

Ein wirklich gebildeter Mensch kann unmöglich den Begriff des Unzüchtigen mit der großen Kunst Flauberts in Verbindung bringen. Dazu steht dieser Begriff an sich viel zu niedrig. Mit dem gleichen Recht könnte man die Klinik und den klinischen Bericht eines Dermatologen als eine Porcherie bezeichnen. Der große Arzt, der große Künstler kann ebensowenig wie der große Politiker bestehen, wenn man ihn den kleinbürgerlichen Moralbegriffen ausliefert.

Weil Hartmann von Aue atmete, meinen die Leute, ich solle ersticken.

*

Wer etwas im Dichterischen nimmt, was er nicht schon besitzt, behält
selbst als Meisterdieb leere Scheuern.

*

Wenn im Bereiche der literarischen Welt die Wege gebessert werden,
so geht man mitunter wie auf Haifischzähnen.

*

Himmel,
Ideal,
Metaphysik,
Abkehr,
Prophetie,

Erde,
Leben,
Physik,
Einkehr,
Dichtung:

zwei Lager.

Wird das eine fett, wird das andre mager.

Dramaturgie

Fast in allen Punkten mögen wir Lessing für uns sprechen lassen,
auch allem Überflüssigen gegenüber, was von neuen Hamburger
Dramaturgen über Schauspielkunst geäußert wird.
»Dieses junge Frauenzimmer hat Gefühl und Stimme und Figur und
Anstand; sie hat den falschen Ton des Theaters noch nicht
angenommen ...«

*

»Denn nichts ist groß, was nicht wahr ist.«

*

Sucht euch die Elemente der Dramaturgie in der menschlichen Psyche
zusammen! Dort stecken sie.

*

Du sollst nicht mit der Galle dichten!

*

Du sollst deine Gestalten lieben – keine unter ihnen hassen!

*

Soll Leben sein in deinen Gestalten, so mußt du ihnen dein Leben
geben. Deine Gestalten sind deine Kinder.

*

Das Drama ist doch wohl die größte Dichtungsform. Schließlich
werden alle Gedanken dramatisch gedacht, wird alles Leben
dramatisch gelebt.

*

Ursprung des Dramas ist das zwei-, drei-, vier-, fünf- und
mehrgespaltene Ich.

Die früheste Bühne ist der Kopf des Menschen. Es wurde darin
gespielt, lange bevor das erste Theater eröffnet wurde.

*

Das primitivste nach außen zur Erscheinung gebrachte Drama war das
erste Selbstgespräch mit lauter Selbstanrede und -antwort.

*

Es gibt kein irgendwie geartetes menschliches Hirn, das nicht sein
Drama in sich herumtrüge. Immer wieder werden Episoden aus dem
großen Epos des eigenen Lebens vom Gegenwartsbewußtsein
dramatisch geformt. Deshalb ist die dramatische Form, das
dramatische Werk volle Gegenwart. Der zusammenfassende Geist
wirtschaftet mit einem Residuum deutlicher und lebendiger
Anschauung, worin seine Situation im Verhältnis zu Vater, Mutter,
Geschwistern, Freunden, Vorgesetzten wie Untergebenen und vor
allem zu seinen Feinden sprechend und agierend enthalten ist.

*

Das Genie benutzt diese innere Urform des dramatischen Bewußtseins,
wie man es nennen kann, um aus seinen Grundelementen die
dramatische Kunstform herauswachsen zu lassen.

*

Das Schicksal stieg aus dem Meere, die Schicksalsidee ist
meergeboren.

*

Das göttliche Einherschreiten des großen Wahnsinns!

*

Die stampfenden Pferdehufe der Antike!

*

Die kosmische Kraft der alten Tragödie wiedererringen wäre eine
Aufgabe.

Wenn das dramatische Bewußtsein schöpferisch geworden ist, so beweist es den Dramatiker: und dieser, vermöge der Eigenart des täglich neue Gebiete umspannenden dramatischen Bewußtseins, wird außergewöhnlich fruchtbar sein.

*

Harmonie ist das Produkt von Kämpfen: danach ist ihr ethischer Wert zu beurteilen. Auch Wert und Wesen des Dramas sind darin beschlossen.

*

Drama ist Kampf. Das größte Epos wurzelt in dem Ehebruchsdrama: Helena, Menelaos, Paris und den Kämpfen um Troja. Es hat sich zum Teil dann wieder in Dramen aufgelöst.

*

Ein Drama, das nicht vom ersten bis zum letzten Wort Exposition ist, besitzt nicht die letzte Lebendigkeit.

*

Das Epos geht seine Straße, das Drama bleibt auf seinen Kampfplatz angewiesen. Das Epos entwickelt sich in der Zeit, das Drama vornehmlich im Raum.

*

Man muß, um wahrhaft produktiv zu sein, den dramatischen Stoff, also Menschen und ihre inneren und äußeren Beziehungen und Kämpfe, ganz unabhängig davon sehen, daß die Menschen Menschen, Männer, Weiber, Aristokraten, Bürger, Arbeiter oder regierende Fürsten, daß sie alt, jung, arm oder reich sind. Man muß sie sehen, als wüßte man nicht, wie sie atmen, was sie essen, trinken, wie sie leben müssen, um zu leben, daß sie sprechen, singen, schreiben, wachen, schlafen und Notdürftiges verrichten – nicht, was sie tun noch in Künsten und Wissenschaften erreicht haben. Man muß sie sehen, als wüßte man gar nichts von ihnen und erführe alles zum erstenmal. Dieses vollkommen Fremde muß dem Beschauer in seiner kleinsten Funktion das ganze Mysterium in seiner vollen Wunderbarkeit und Unbegreiflichkeit ausdrücken.

Zeit im Drama: gesetzmäßige Sukzession des Psychobiologischen. Ort
im Drama: Stand und Bewegung des Menschen unter Menschen.

*

Die epische Kunst lebt von der historischen Fiktion. Sie setzt einen
Erzähler voraus.

*

Die dramatische Kunst fingiert Gegenwart. Sie hat einen unsichtbaren
Schöpfer, allerdings einen unsichtbar gegenwärtigen, der sich in seinen
Geschöpfen dokumentiert.

*

Es gibt einen psychischen Akt. Auch der Dramatiker muß vor allem
Akt zeichnen können. Viele sogenannte Dramatiker sind leider nur
bestenfalls Kostümschneider.

*

Das Drama ist nichts weiter als die natürliche Synthese zeitlich und
räumlich weit auseinanderliegender dramatischer Einzelmomente im
Menschengeist.

*

Die Distanz, aus der man ein Drama sieht, darf sich während der
Arbeit nicht verschieben.

*

Ein Drama muß sich selbst bewegen, nicht vom Dichter bewegt
werden. Der Ursprung seiner Bewegung muß, wie der Ursprung des
Lebens, allen verborgen sein.

*

Wer das Wesen des Dramatischen studieren will, vergesse nicht,
Rembrandts Handzeichnungen zu betrachten.

*

Man darf auch in der Produktion niemals das unbewußt Wirkende aufstören: man könnte sonst leicht in die Lage kommen, Mechanik für Wachstum zu setzen.

*

Es gibt im Drama außer dem Stofflichen und Formalen noch ein Drittes.

*

Der Maler, dem die Farbe in einer unlöslichen Mischung, die zugleich Licht, Schatten, Seele des Objekts, Plastik und subjektiven Ausdruck enthält, aus dem Pinsel fließt, hat den meisterlichen Ausdruck seiner inneren Figur erreicht. Er schafft sein Bild vermöge eines eingefleischten Prozesses unmittelbar, so zwar, daß selbst der Kunstverstand im Unbewußten verborgen ist. Ebenso der Dramatiker.

*

Die wahren Synthesen des wahren Dramas sind viel verwickelter, obgleich nicht zutage tretend außer in volles Leben umgesetzt, als alle mechanisch errechneten Verwickelungen.

*

Die Sprache des Augenblicks ist unartikuliert, sie entwickelt sich zur eigentlichen Sprache erst in der Zeit. Der Augenblick, der leben und sterben würde, überlebt sich durch Sprache. Immer und überall wurzelt dramatische Sprache im lebendigen Augenblick.

*

Man muß unterscheiden: den Gedanken, welcher denkt, und den, der gedacht ist. Es ist ein Gedanke, daß gedachte Gedanken im Drama selten oder nie formuliert werden dürfen. Der denkende Gedanke soll laut werden. Höchstens der Gedanke in seiner Geburt, oder kaum erst geboren, ungebadet und mit noch unzerrissener Nabelschnur. Vielleicht auch ein blindgeborner Gedanke, der die Augen zum erstenmal hell aufschlägt. Solche Gedanken gibt es viele in meinen Dramen, aber sie werden nicht immer erkannt in ihrem Zustand, vielleicht auch ihrer Ungewöhnlichkeit wegen, und sind nicht zu gebrauchen für den Zitatenschatz.

Starke Schicksale sind starkes Leben: deshalb drängt sich das Volk zur
Tragödie und zur Leidensgeschichte Jesu.

*

Die Affekte verlaufen im Wesen immer gleichmäßig.

*

Lust am Schauspiel: nur solange ich lebe, kann ich mich erinnern, und
je tiefer ich lebe in Schmerz und Lust, um so tiefer und voller erinnere
ich mich. Darum schreibe und sehe ich Schauspiele.

*

Immer mehr »Undramatisches« dramatisch zu begreifen ist der
Fortschritt.

*

Dichter und Darsteller: zwei Gestalter! Von beider Gnaden und Mark
lebt die Gestalt. Mit dem Wachstum der wahrhaft schöpferischen
Kräfte wird auch die Kraft zur Beschränkung in beiden wachsen, darin
allein Meisterschaft sich vollendet. Denn Eitelkeit ist nicht
Persönlichkeit, und Maßlosigkeit, die das zarte Rätsel der Form, ohne
von ihm zu wissen, zertrümmert, ist nicht Kunst.

*

Schauspielkunst: keine Nachahmung, eine gesteigerte Sprache;
reichster Ausdruck des Persönlichen ist im Schauspieler mehr als in
jedem andern Menschen bewußt geworden.

*

Der Schauspieler beweist sein Leben durch den Laut seiner Stimme
und durch äußerliche Bewegungen. Die Gestalt des dramatischen
Dichters beweist ihre Lebensfähigkeit durch die Gesetzmäßigkeit jener
immateriellen und doch fest umrissenen Innerlichkeit, welche die
Festigkeit des Diamanten mit der Beweglichkeit der Luft verbindet.
Aber der Diamant ist nicht hart, die Luft nicht beweglich genug! – Sie
beweist ihre echte und lebendige Existenz durch die richtige
Abhängigkeit von anderen Gestalten und durch die absolut gesetzliche
Art, in der sie kollidiert.

Auch beim Schauspieler ist es die innere Figur, die hervortritt.

*

Das Verhältnis des Schauspielers zur Dichtung muß mehr sein als das des Pferdes zu Geschirr und Wagen.

*

Margarete sagte: »Kainz holte Feuer vom Himmel, Rittner aus der Erde.« Man kann nichts Besseres über diese beiden großen Schauspieler sagen.

*

Das Theater wird so lange nicht zu seiner vollen und tiefen Wirkungskraft gelangen, bis es bei uns wie in Griechenland die Sanktion eines Gottesdienstes hat. Es ist bei uns kräftig aus sich, aber nur geduldet, nicht kultiviert. Es steht unter dem Druck eines feindlichen Vorurteils, nicht unter dem Schutze der Heiligung.

*

Die Athener allein errichteten dem Mitleid eine Statue. Das Mitleid hat eine Stimme in uns. Zu dieser Stimme formte der Grieche eine Gestalt, gleichsam ihre ausschließliche Wohnung. Stimmen wie Bildsäulen sind Glieder des großen Dramas, an dem wir alle dichten.

*

Man hört Worte wie diese immer aufs neue: Niederungen des Lebens! Alltägliche Misere! Arme-Leute-Geruch! – Man trenne von einem Fürsten das, was des Titels ist, von dem, was des Menschen ist: was ist wichtiger? Nie und nirgends hat es die Kunst mit Titeln zu tun! auch nicht mit Kleidern! Ihr Gegenstand ist die nackte Seele, der nackte Mensch! Es braucht kein Lessing zu kommen, um uns wissen zu lassen, daß »die geheiligten Namen des Freundes, des Vaters, des Geliebten, des Gatten, des Sohnes, der Mutter, des Menschen überhaupt ... pathetischer« sind als alle Titel, und so weiter.

*

In der alten Tragödie überwiegt das Sein, in der neuen das Werden.

Armeleutekunst? Man sollte endlich damit aufhören, die Kunst der Klassiker durch einen solchen Ausdruck zur Reicheleutekunst zu degradieren. Volk und Kunst gehören zusammen wie Boden, Baum, Frucht und Gärtner.

*

Aristoteles und Lessing wenden sich gegen die Wahl abstrakter und idealer Charaktere; dieser besonders gegen den makellosen Helden im christlichen Trauerspiel.

*

Wo du auch immer dem begegnest, was dramaturgische Schädlinge immer vermissen, immer suchen und niemals erkennen, wo es vorhanden ist, eben das, was sie auch mit dem Namen »Handlung« bezeichnen – nimm, was du findest, wenn dir die »Handlung« begegnen sollte, Axt, Knüppel oder den ersten besten Stein, der dir gerade zur Hand ist, und schlage sie tot.

*

Ich habe noch in keiner Kritik zum Beispiel gelesen: dieses Gespräch hat einen schönen Rhythmus, jenes hat einen tiefen Unterstrom, jenes verrät eine leichte Hand, dieses besitzt eine eruptive Macht, und so weiter.

*

Der Denkweise eines Menschen nachzugehen ist leicht. Seine Art zu empfinden, nachzuempfinden, worauf es allein mir ankommt, schwer.

*

Man muß in der Arbeit zuweilen auch auf Meisterschaft zu verzichten wissen.

*

Das Absolute hat im Drama keinen Ausdruck.

*

Die innere Bühne muß ihre Entwickelung nehmen, und zwar über das Natürliche in das Kunstmäßige hinein, wenn das Theater, die äußere Bühne, danach seine Entwickelung nehmen soll.

*

Das Drama regiert die Welt, nicht das Theater.

*

Jedes Drama ist ein historisches, ein anderes gibt es nicht.

*

Verbessere deine Arbeitsmethode, und du verbesserst dein Werk.

*

Jede Familie trägt einen heimlichen Fluch oder Segen. Ihn finde! Ihn lege zugrunde!

*

Tieck und andere Dramatiker kennen die vielfältigen Äußerungen der Affekte nicht, sondern nur einige konventionelle.

*

Das Bereich dessen, was man gesund und normal nennt, wird im Affekt verlassen. Ein Drama ohne Affekt ist undenkbar, daher es immer einigermaßen ins Pathologische übergreifen muß.

*

Sie verlangen den Helden: diejenigen am lautesten, die ihn am lautesten schmähen würden, wenn er erschiene. Reichtum der Seele, ein starkes, friedliches, großes Empfinden machen vielleicht Heldentum aus.

*

Jedes Drama enthält einen Zug von Pedanterie, den das Leben nicht nötig hat.

Vom Individuellen der Charakteristik muß in der Tragödie irgendwie
abstrahiert werden.

*

Was man der Handlung gibt, nimmt man den Charakteren.
*Episodenfiguren können geschaut, Gestalten des engeren Dramas
müssen gelebt sein.

*

Fanatiker sind im Drama nur episodisch zu verwerten: ihr
unbewegliches Wahnsystem ist bald heraus und die Standhaftigkeit,
mit der es behauptet wird, ebenfalls: darüber hinaus gibt es dann
nichts, was dem Leben des Dramas noch förderlich sein könnte.

*

Mechanische Szenen sind roh und nur mit aller Vorsicht künstlerisch
zu verwerten: Totschlag, Duell, Schlachtszenen.

*

Die Fabel muß einfach bleiben und die Personen nicht belasten, damit
weniger Fasern und viele saftige Zellen in der Frucht der Dichtung
entstehen mögen.

*

Je zusammengesetzter die Fabel, um so weniger Charakter. Je
einfacher die Fabel, um so reicher der Charakter.

*

Eine stille Dramatik findet nicht einmal
unter den Fischen im Meere statt.

*

Das Leben schließt einen tragischen Konnex ebensowohl ab
als der Tod.

*

Ibsen sieht das Tragische meist nur in der sogenannten gescheiterten Existenz. Tragik bei voller Existenz ist die höhere.
Ibsens Stücke enthalten eine gewisse unentschiedene »Moral«.

*

Die Gestalten Hebbels sind wie Eisblumen, gefrorener Seelenhauch. In Fällen, wo wir das Leben der dramatischen Kunstform nicht anpassen können: – sollen wir nicht diese Kunstform dem Leben anpassen?

*

Der Dichter, der zum Pathologischen seine Zuflucht nimmt, habe schlecht komponiert, sagt Paul Ernst. Darf der Dichter den Menschen universell betrachten? Muß er die medizinische Fachunterscheidung von krank und gesund machen und dann das krank ausschalten? Wieviel ärztliches Fachwissen würde aber allein dieser Prozeß voraussetzen, und, nach seiner Vollziehung, was bliebe übrig? Ein Restermensch? Würde dieser in seiner notwendigen Existenzunfähigkeit noch Objekt der Kunst sein können? Warum nicht ebenso gut der vollkommene Mensch? Das gleiche Unding und von Subalternen gesucht.

*

»Sommernachtstraum«. Er ist, im bösen Sinne, die Komödie der Liebe. Die Menschen zu Marionetten herabgewürdigt und als solche genasführt. Zettel muß einen Eselskopf aufsetzen, um geliebt zu werden. Und es ist niemand Geringeres als Titania, die ihn liebt.

*

Ich habe mich von jeher besonders zum indischen Drama gezogen gefühlt: der Blumensaft, das Blütenarom, die weiche, brünstige Natur des indischen Dramas entspricht meiner Wesenheit. Es ist alles sinnlich in ihm und jeder Sinn darin ganz geheiligt. Sinnfein und sinnrein also und dabei üppig ist das indische Drama im Schoße einer natürlichen, tief sinnlichen Religion erzeugt. Es ist nicht lärmend und skandalsüchtig, sondern tief und still, und der Ohr und Seele zerreißende Knalleffekt hat in ihm keine Stätte.

*

Falstaff in »Die lustigen Weiber von Windsor« macht, seinem Dichter spitzbübisch zublinzelnd, gleichsam gute Miene zum bösen Spiel und läßt gutmütig alles mit sich geschehen, was den lustigen Weibern sowohl als etwa einer allerhöchsten Bestellerin Spaß macht. Aber diese sind die Gefoppten. Er stellt sich nur so, als ob er der Angeführte sei.

*

Ich sah »Romeo und Julia«. Ich will keine künstlich gestachelte und auf die Spitze getriebene Handlung. Pater Lorenzo würde die Trauung, bei seinem Wunsch, beide Häuser zu versöhnen, nicht geheimhalten, sondern zur Versöhnung ausnützen. Romeo würde nicht von Julia, sondern mit ihr fliehen. Julia würde, als sie mit Paris vermählt werden soll, diesem bekennen, daß sie es bereits ist. Die Fläschchen-Geschichte ist für solche Leute fabuliert, denen es nicht abenteuerlich genug, nicht toll genug kommen kann; und nur Shakespeares Kunst bewahrt in den Konsequenzen vor dem Lächerlichen. Die plötzliche Trauungsidee, der Tod am Hochzeitstage, als gerade der Traugang stattfinden soll, sind eine Häufung grobschlächtiger Effekte, wodurch die Charaktere mißbraucht, die Schlußtragik völlig vernichtet wird. Was in der Wirkung übrigbleibt, ist allein die Leidenschaft junger Liebe: eine schnelle, großartig gestaute und dadurch furchtbar gemachte Leidenschaft.

*

Man hat immer alle und jede Tragödie abgeschwächt, ja im wesentlichen abgelehnt, Keine Tragödie, die nicht gemildert, gezähmt und verdorben worden wäre. Das Haupt der Medusa ist nicht einmal auf dem Schreibtisch des Gelehrten, geschweige im Salon oder Boudoir erträglich gewesen.

*

Vermögt ihr die Schönheit einer inneren Linie im Drama zu sehen?

*

Die Satyrmaske, die hinter der Schlußfeuersbrunst der Tragödie auf grinst im göttlichen Triumph des Lebens. Ironie ist der Grundzug des triumphierenden Lebens.

*

Man spricht von blutiger Ironie: das ist die echte Tragödie.
»Die Form ist ein Geheimnis den meisten.« – Die Form ist ein
Geheimnis: allen!

* * *

Polemisches

Los vom Sumpf! Ich bin kein Frosch!

*

Von tausend Pfeilen muß man immer neunhundertneunundneunzig im
Köcher behalten.

*

Es gibt Esel, die tote Adler mit den Zähnen rupfen, um sich in ihren
Federn zu wälzen.

*

Eitelkeit ist eine schöne Wiege für Erwachsene.

*

Es gibt Männer, die sind ihre eigenen Schulmeister, Pfaffen und
Henkersknechte.

*

»Ihr versteht es nicht in eurem Frankfurt«, sagte Imhoff zu einem
Frankfurter: Albrecht Dürer hatte, nachdem sich sein Auftraggeber,
ebendieser Frankfurter, töricht gezeigt, den von ihm erhaltenen Auftrag
annulliert und die Anzahlung an Imhoff zurückerstattet. Der
Frankfurter nahm sie von Imhoff befriedigt in Empfang.

*

Ich schätze sein körperliches Gewicht höher als sein geistiges, sagte jemand.

*

Er hatte eine nicht sehr ausgedehnte Verschönerungsanlage im Kopfe, und darauf ging sein Geist spazieren.

*

Die Poesie lag über ihrem Wesen wie die Lackmalerei auf einem japanischen Kästchen. Das Holz des Kästchens ist hart und saftlos. Dazu ist das Kästchen leer.

*

Nichts liebe ich mehr als das kalte, klare, reine Gebirgswasser, sagte der Schlammpeitzker und schnellte vergnügt durch die dicke, warme Lehmpfütze.

*

Die Benachteiligten und Erfolgsarmen halten sich auf gewisse Weise reichlich schadlos.

*

Ein Weib im Irrenhaus hält sich für die Kaiserin von China und macht vor sich selbst tiefe Knickse. Ähnliches leisten auch Gesunde.

*

Kleine Narren, große Worte.

*

Wer nicht spricht, vermehrt die Sprachverwirrung nicht.

*

Es gibt in der Welt allzuviel geistreichen Schweiß.

*

Es gibt ein Genie der Oberflächlichkeit.

*

Es gibt Pfennigfuchser der Begeisterung.

*

Es gibt Gymnastiker der Gemütsbewegungen.

*

Gewohnheitstiere sind keine Charaktere.

*

Er hatte sein ganzes Leben dazu verwendet, seine Persönlichkeit rein und groß auszubilden, und brachte es am Ende nur zu kleinen Schurkereien.

*

Einer hatte geborgt, veruntreut, gestohlen sein Leben lang und behauptete schließlich vorwurfsvoll, die Welt sei ihm alles schuldig geblieben.

*

Man erkennt den Deutschen schon am Husten.

*

Wie wäre es mit einem neuen Begriff: Humanitätsschurkerei?

*

Es gibt heute eine philosophische Wasserpest.

*

Es gibt etwas in unserem öffentlichen Leben,
das man treffend geistigen Speichelfluß nennen könnte.

*

Ihr nehmt teil an allem Neuen und laßt alles beim alten.

*

Wahrhaft sterile Bücher haben den Geruch der Frechheit und der
Unfähigkeit zum Respekt.

*

Wie lange haben die Hunde den Mond angebellt,
ohne daß er sein Schweigen gebrochen hätte!

*

Es gibt Literaten, die sagen: Friß mein Buch und sage, daß es gut
schmeckt, oder stirb!

*

Die schwächsten Intelligenzen bedienen sich zumeist der stärksten
Worte. Naturen von den kleinsten Maßen, die sich nur höchst mühsam
»druckreif« machen können, bestreiten »Größe« oder fordern sie. Was
können solche Menschen von Größe wissen? Und wenn sie schon
etwas ahnen von ihr, warum bewundern sie nicht das Geahnte, anstatt
die Erkenntnis ihrer eigenen Geringfügigkeit unnützerweise in anderen
zu erzwingen, somit den Adel der Ahnungskraft selbst verscherzend?

*

Dieser Publizist ist wie eine Waschfrau. Er bringt sein Leben zwischen
Bergen schmutziger Wäsche zu. Er chlort mit Vorliebe. Eine Stänker-
natur: er schreit in einem fort: »Achtung! ich bin ein Kra ... Kra ... Kra
... Krawattenmacher!«

*

Er ist wie ein Vogel, der immerfort über der Erde fliegt und dabei
piepst: »Ich kann mich nicht setzen, ich kann mich nicht setzen.« –
»Das ist dein Pech, guter Junge!« – Aber er setzt sich doch, wenn er
Hunger hat, und schnabuliert sein Räupchen. Gleich darauf schreit er
ebenso weiter: »Ich kann mich nicht setzen.« Überall sucht er das
Positive! Überall ist es da, nur fehlt ihm der Sinn dafür. Oder tut er am
Ende nur so, um sich bemerkbar zu machen? »Ich kann mich nicht
setzen, ich kann mich nicht setzen.«

Die Suchenden:
Ich suche, du suchst, er sucht, wir suchen, ihr sucht, sie suchen.

*

Wenn ein welkes Blatt Glück hat, fliegt es höher als ein Adler.

*

Eine gespiegelte Wurst kann man nicht essen.
»Kreuze niemals den Weg der Götter!« sagte die Schnecke. Da ging
das Wagenrad über sie hinweg.

*

Man kann eine widerspenstige Rinderherde mit Peitschen treiben, aber
man kann sie während des Peitschens nicht an die gute Weide glauben
machen, zu der man vorgibt sie zu treiben.

*

Das Geld und der Mangel an Geld überbrücken alles.

*

Werde Menschenfeind, damit deine Menschenfreundlichkeit Dauer
gewinne!

*

Sehr viele Menschen leben ohne Gegenwart.

*

Es gibt Leute, denen der Anstand nicht fehlt – den sie nicht besitzen.

*

Das Dilettieren in den Künsten ist verzeihlich, ja sogar zu billigen:
nur darf man es nicht berufsmäßig betreiben.

*

Nirgends rauschen die Laubwälder süßer und erquickender als am
kahlen Strand, wo keine sind.

*

Die Ehe ist ein Staatsinstitut – die Galeere ein anderes.

*

Gewisse Mistkäfer, wenn sie auf den Rücken fallen, vermögen sich
nicht mehr aufzurichten: einige aber doch.

*

Nichts ist so fürchterlich als die Macht der Dummheit in den Klugen.

*

Wieviel Kluges ist gesagt, wieviel Törichtes benutzt worden!

<u>Titelliste Taschenbuch-Literatur-Klassiker</u>

Bd. 1 *Abenteuer und Fahrten des Huckleberry Finn*, Mark Twain, Bd. 2 *Andersens Märchen*, Hans Christian Andersen, Bd. 3 *Anton Reiser*, Karl Philipp Moritz, Bd. 4 *Aus dem Leben eines Taugenichts*, Joseph Freiherr v. Eichendorff, Bd. 5 *Bahnwärter Thiel*, Gerhard Hauptmann, Bd. 6 *Bambi Eine Lebensgeschichte aus dem Walde*, Felix Salten, Bd. 7 *Bauern, Bonzen und Bomben*, Hans Fallada, Bd. 8 *Bel Ami*, Guy de Maupassant, Bd. 9 *Bergkristall*, Adalbert Stifter, Bd. 10 *Candide oder der Optimismus*, Voltaire, Bd. 11 *Caspar Hauser oder Die Trägheit des Herzens*, Jakob Wassermann, Bd. 12 *Dantons Tod*, Georg Büchner, Bd. 13 *Das Bildnis des Dorian Grey*, Oscar Wilde, Bd. 14 *Das Dschungelbuch*, Rudyard Kipling, Bd. 15 *Das Fräulein von Scuderi*, ETA Hoffmann, Bd. 16 *Das Gemeindekind*, Marie v. Ebner-Eschenbach, Bd. 17 *Das Heptameron*, Margarete v. Navarra, Bd. 18 *Märchenbriefbuch der heiligen Nächte*, Max Dauphtendey, Bd. 19 *Das Marmorbild*, Joseph v. Eichendorff, Bd. 20 *Das Schloss*, Franz Kafka, Bd. 21 *Das Urteil*, Franz Kafka, Bd. 22 *David Copperfield*, Charles Dickens, Bd. 23 *Der abenteuerliche Simplizissimus*, Grimmelshausen, Bd. 24 *Der arme Spielmann*, Franz Grillparzer, Bd. 25 *Der eingebildete Kranke*, Moliere, Bd. 26 *Der ewige Spießer*, Ödön v. Horváth, Bd. 27 *Der Fürst*, Nocolò Machiavelli, Bd. 28 *Der Glöckner von Notre Dame*, Victor Hugo, Bd. 29 *Der goldene Esel, Apuleius*, Bd. 30 *Der goldene Topf*, ETA Hoffmann, Bd. 31 *Der Graf von Monte Christo*, Alexandre Dumas, Bd. 32 *Der grüne Heinrich*, Gottfried Keller, Bd. 33 *Der kleine Häwelmann und andere Märchen*, Theodor Storm, Bd. 34 *Der kleine Lord*, Frances Hodgson Burnett, Bd. 35 *Der letzte Mohikaner*, James Fenimore Cooper, Bd. 36 *Der Prozess*, Franz Kafka, Bd. 37 *Der Sandmann*, ETA Hoffmann, Bd. 38 *Der Schimmelreiter*, Theodor Storm, Bd. 39 *Der Schuss von der Kanzel*, Conrad Ferdinand Meyer, Bd. 40 *Der Seewolf*, Jack London, Bd. 41 *Der seltsame Fall des Dr. Jekyll und Mr. Hyde*, Robert Louis Stevenson, Bd. 42 *Der Stechlin*, Theodor Fontane, Bd. 43 *Der Sturmheidhof (Sturmhöhe)*, Emily Brontë, Bd. 44 *Der Tor und der Tod*, Hugo v. Hofmannsthal, Bd. 45 *Der Weg ins Freie*, Arthur Schnitzler, Bd. 46 *Der zerbrochene Krug*, Heinrich v. Kleist, Bd. 47 *Deutsches Märchenbuch*, Ludwig Bechstein, Bd. 48 *Deutschland. Ein Wintermärchen*, Heinrich Heine, Bd. 49 *Die Abenteuer der sieben Schwaben*, Ludwig Aurbacher, Bd. 50 *Die Burg von Otranto*, Horace Walpole, Bd. 51 *Die drei Musketiere*, Alexandre Dumas, Bd. 52 *Die Elixiere des Teufels*, ETA Hoffmann, Bd. 53 *Die Geschichte meines Lebens*, Georg Ebers, Bd. 54 *Die Insel Felsenburg*, Johann Gottfried Schnabel, Bd. 55 *Die Judenbuche*, Annette v. Droste-Hülshoff, Bd 56. *Die Kameliendame*, Alexandre Dumas, Bd. 57 *Die Kartause von Parma*, Stendhal, Bd. 58 *Die Kreutzersonate*, Lew Tolstoi, Bd. 59 *Die Leiden des jungen Werther*, Johann Wolfgang v. Goethe, Bd. 60 *Die Leute von Seldvyla I*, Gottfried Keller, Bd. 61 *Die Leute von Seldvyla II*, Gottfried Keller, Bd. 62 *Die Marquise*, George Sand, Bd. 63 *Die Marquise von O.*, Heinrich v. Kleist, Bd. 64 *Die Memoiren der Fanny Hill*, John Cleland, Bd. 65 *Die Ratten*, Gerhard Hauptmann, Bd. 66 *Die Räuber*, Friedrich v. Schiller, Bd. 67 *Die Regentrude*, Theodor Storm, Bd. 68 *Die Reisen des Baron zu Münchhausen*, Bd. 69 *Die Schatzinsel*, Robert Louis Stevenson, Bd. 70 *Die Verlobten*, Allessandro Manzoni, Bd. 71 *Die Verwandlung*, Franz Kafka, Bd. 72 *Die Verwirrungen des Zöglings Törleß*, Robert Musil, Bd. 73 *Die Waffen nieder*, Berta von Suttner, Bd. 74 *Die Wahlverwandtschaften*, Johann Wolfgang v. Goethe, Bd. 75 *Don Carlos*, Friedrich v. Schiller, Bd. 76 *Eduards Traum*, Wilhelm Busch, Bd. 77 *Effi Briest*, Theodor Fontane, Bd. 78 *Egmont*, Johann Wolfgang v. Goethe, Bd. 79 *Ein Held unserer Zeit*, Michail Lermontoff, Bd. 80 *Einsichten und Ausblicke*, Gerhard Hauptmann, Bd. 81 *Emilia Galotti*, Gottold Ephraim Lessing, Bd. 82 *Erinnerungen aus galanter Zeit*, Giacomo Casanova, Bd. 83 *Erzählungen*, Wilhelm Busch, Bd. 84 *Es waren zwei Königskinder*, Theodor Storm, Bd. 85 *Essays*, Michel de Montaigne, Bd. 86 *Franz Sternbalds Wanderungen*, Ludwig Tieck, Bd. 87 *Fräulein Else*, Arthur Schnitzler, Bd. 88 *Frühlings Erwachen*, Frank Wedekind, Bd. 89 Gedanken, Blaise Pascal,

Bd. 90 *Gefährliche Liebschaften*, Pierre-Ambroise-François Choderlos de Laclos, Bd. 91 *Gegen den Strich*, Joris-Karl Huysmany, Bd. 92 *Geschichte des Fräuleins von Sternheim*, Sophie v. La Roche, Bd. 93 *Geschichte vom braven Kasperl und dem Annerl*, Clemens Brentano, Bd. 94 *Geschichten aus dem Wienerwald*, Ödön v. Horváth, Bd. 95 *Glanz und Elend der Kurtisanen*, Honore de Balzac, Bd. 96 *Glück und Unglück der berühmten Moll Flanders*, Daniel Defoe, Bd. 97 *Götz von Berlichingen*, Johann Wolfgang v. Goethe, Bd. *98 Gullivers Reisen*, Jonathan Swift, Bd. *99 Heidis Lehr und Wanderjahre*, Johann Spyri, Bd. 100 *Heinrich von Ofterdingen*, Novalis, Bd. 101 *Hiob Roman eines einfachen Mannes*, Joseph Roth, Bd. *102 Immensee*, Theodor Storm, Bd. 103 *Iphigenie auf Tauris*, Johann Wolfgang v. Goethe, Bd. 104 *Italienische Märchen*, Clemens Brentano, Bd. 105 *Ivannhoe*, Walter Scott, Bd. 106 Jahrmarkt der Eitelkeiten, William Makepaece Thackeray, Bd. 107 *Jane Eyre*, Charlotte Brontë, Bd. 108 *Jugend ohne Gott*, Ödön v. Horvath, Bd. 109 *Jürg Jenatsch*, Conrad Ferdinand Meyer, Bd. 110 *Kabale und Liebe*, Friedrich v. Schiller, Bd. 111 *Kasimir und Karoline*, Ödön v. Horvath, Bd. 112 *Kinder- und Hausmärchen*, Gebrüder Grimm, Bd. 113 *Kleiner Mann, was nun*, Hans Fallada, Bd. 114 *König Alkohol*, Jack London, Bd. 115 *Krambambuli*, Marie Ebner-Eschenbach, Bd. 116 *Lausbubengeschichten*, Ludwig Thoma, Bd. 117 *Lavinia - Pauline - Kora*, George Sand, Bd. 118 *Leben und Lüge*, Detlev von Liliencron, Bd. 119 *Lebensansichten des Katers Murr*, ETA Hoffmann, Bd. 120 *Lenz. Der hessische Landbote*, Georg Büchner, Bd. 121 *Lieutenant Gustl*, Arthur Schnitzler, Bd. 122 *Lord Jim*, Joseph Conrad, Bd. 123 *Luise*, Johann Heinrich Voß, Bd. 124 *Madame Bovary*, Gustave Flaubert, Bd. 125 *Märchen*, Wilhelm Hauff, Bd. 126 *Maria Stuart*, Friedrich v. Schiller, Bd. 127 *Max Havelaar*, Multatuli, Bd. 128 *Meister Floh*, ETA Hoffmann, Bd. 129 *Michael Kohlhaas*, Heinrich v. Kleist, Bd. 130 *Minna von Barnhelm*, Gotthold Ephraim Lessing, Bd. 131 *Moby Dick*, Hermann Melville, Bd. 132 *Nathan, der Weise*, Gotthold Ephraim Lessing, Bd. 133-1 und 133-2 *Nils Holgersson wunderbare Reise*, Selma Lagerlöf, Bd. 134 *Niels Lyne*, Jens Peter Jacobsen, Bd. 135 *Nußknacker und Mausekönig*, ETA Hoffmann, Bd. 136 *Oliver Twist*, Charles Dickens, Bd. 137 *Onkel Toms Hütte*, Herriett Beecher Stowe, Bd. 138 *Peter Schlemihls wundersame Geschichte*, Adalbert v. Chamisso, Bd. 139 *Peterchens Mondfahrt*, Gerdt v. Bassewitz, Bd. 140 *Pinocchio*, Carlo Collodi, Bd. 141 *Reinecke Fuchs*, Johann Wolfgang v. Goethe, Bd. 142 *Rheinmärchen*, Clemens Brentano, Bd. 143 *Rinaldo Rinaldini*, Christian August Vulpius, Bd. 144 *Robinson Crusoe*; Daniel Defoe, Bd. 145 *Romeo und Julia*, William Shakespeare Bd. 146 *Schach von Wuthenow*, Theodor Fontane, Bd. 147 *Schachnovelle*, Stefan Zweig, Bd. 148 *Schatzkästlein des rheinischen Hausfreundes*, Johann Peter Hebel, Bd. 149 *Schelmuffskys Reisebeschreibung*, Christian Reuter, Bd. 150 *Schloss Gripsholm*, Kurt Tucholsky, Bd. 151 *Siebenkäs*, Jean Paul, Bd. 152 *Sternstunden der Menschheit*, Stefan Zweig, Bd. 153 Tao te king, Laotse, Bd. 154 *Till Eulenspiegel*, Hermann Bote, Bd. 155 *Tolldreiste Geschichten*, Honorè de Balzac, Bd. 156 *Tom Jones, Geschichte eines Findelkindes*, Henry Fielding, Bd. 157 *Tom Sawyers Abenteuer und Streiche*, Mark Twain, Bd. 158 *Troquato Tasso*, Johann Wolfgang v. Goethe, Bd. 159 *Traumnovelle*, Arthur Schnitzler, Bd. 160 *Trost der Philosophie*, Boethius, Bd. 161 *Über den Umgang mit Menschen*, Adolph Freiherr v. Knigge, Bd. 162 *Uli der Knecht*, Jeremias Gotthelf, Bd. 163 *Uli der Pächter*, Jeremias Gotthelf, Bd. 164 *Ungeduld des Herzens*, Stefan Zweig, Bd. 165 *Ut oler Welt*, Wilhelm Busch, Bd. 166 *Vater Goriot*, Honorè de Balzac, Bd. *167 Väter und Söhne*, Ivan Sergejeviç Turgenev, Bd. 168 *Verlorene Illusionen*, Honorè de Balzac, Bd. 169 *Von der Freiheit eines Christenmenschen*, Martin Luther – Bd. 170 *Von der Ursache, dem Prinzip und dem Einen*, Bruno Giordano, Bd. 171 *Vor Sonnenuntergang*, Gerhard Hauptmann, Bd. 172 *Walden oder Leben in den Wäldern*, Henry D. Thoreau, Bd. 173 *Wilhelm Meisters Lehrjahre*, Johann Wolfgang v. Goethe, Bd. 174 *Wilhelm Meisters Wanderjahre*, Johann Wolfgang v. Goethe, Bd. 175 *Wilhelm Tell*, Friedrich v. Schiller